ネンドノカンド

脱力デザイン論

佐藤オオキ

小学館

nendo

ネンドノカンド

モクジ

※本書は2010年3月から2012年8月までDIMEに連載されたものに一部加筆しています。

〝ゆるさ〟から生まれる21世紀デザイン

自分の仕事は「デザイン」をすることです。下目黒の小汚いビルの中にある、「nendo」という小さなデザイン事務所の代表であり、「デザイナー」です。一言で「デザイナー」といっても、世の中には「インテリアデザイナー」「ファッションデザイナー」「プロダクトデザイナー」など……いろんなのがいるわけです。でも、自分の場合「〇〇デザイナー」という肩書はなく、ただの「デザイナー」なんです。

大学では建築デザインの勉強をしてたのですが、たまたま、友人たちに誘われて卒業旅行でミラノサローネに行ったところ、そこで見たものすべてが自分の想像を超えていました。建築家が雑貨を作るわ、グラフィックデザイナーが車のインテリアを手掛けるわ、で。肩書なんて関係ないんです。

自分は6年間せっせと1つの種目に取り組んできたのに、世界は「異種格闘技」だったのか、と。しかも日本とは違う、「開かれたデザイン」がここにはあるのです。ミラノの街全体を巻き込んで、一般の、それこそ家族連れなんかがスターデザイナーに気軽に話しかけちゃったりしていて、とにかく、デザインに関わる人たちがみな「キラキラ」して見えました。日本にもいずれこんな日がくるのかもしれない。だとすれば自分もこんなふうに自由なモノづくりがしたい、という気持ちはその時に決まりました。そんな具合に、たまたまそこにいたメンバーでnendoができたのです。

いざ、やろうと決めたものの、仕事をする場所がないことにすぐ気づきます。初めは近所のファミレスです。高田馬場のジョナサンに昼夜居座り、350円のドリンクバーでひたすら粘る。そのうち実家の車庫にスノコを敷いて、作業場にすることにしました。水道、ガス、空調はもちろん無し。冬は寒いから、ノートパソコンを膝に置き、ACアダプターの上に足をのせることで暖を取ります。夏はサウナ状態。夜になるとヤモリや虫がモニターの光に集まって来るわ来るわ。生ゴミ収集日の朝に充満する腐敗臭。今こうやって文面にすると、なかなかホラーな感じですが、不思議と当時はあまり気になりませんでした。

以来、いろんな分野のデザインをnendoという社名の通り、自由で柔軟にやらせていただいてます。そんな中から、ちょっと変わったプロジェクトを1つご紹介します。

その名も「妖怪だるま」。『ゲゲゲの鬼太郎』のキャラクターを中心に、130種類の妖怪を「だるま化」しました。作者の水木しげる氏の生誕の地である鳥取県境港市には、「水木しげるロード」という場所があり、「妖怪」による町おこしが行なわれています。何がいいって、15年の歳月をかけて、粛々と地元の人たちが手弁当でがんばってきたのです。それまでは「シャッター商店街」だった場所が、今では年間約160万人が来場する、立派な観光スポットです。とはいえ、課題も山積みです。そんな境港市を応援しようというプロジェクトが立ち上がりました。

大規模な建築物を建てるなど、多額の資金を投下したら本末転倒。できるだけ小さく、継続的にサポートしていくほうがいい。という話になり、「ロード」で販売できる商品を考えることになりました。

そもそも、妖怪って日本のキャラクター文化の原点みたいなものじゃないかな、と。ならば、「フィギュア」の原点とも呼べる「だるま」にするのはどうでしょうか、という提案をしたところ、プロジェクトは一気に加速しました。「妖怪ふぁんど」なるものが組成され、応援コミュニティーの活性化と資金調達が可能になりました。水木プロの監修のもと、nendoがデザインを担当し、工芸職人が作ります。そして、デザイン雑貨メーカーのイデアが販売を手掛けます。

約8㎝の小さなだるまに、こんなにたくさんの人たちの想いと情熱が込められている。まだまだ、あの時見たミラノには及ばないかもしれないけど、似たような「キラキラ」がここにもあります。なんだか、とても素敵なプロジェクトになる予感がします。


問い合わせ先／イデアインターナショナル　www.idea-in.com/

目玉おやじ
鬼太郎
ねずみ男
猫娘
子泣き爺
砂かけ婆
一反木綿
ぬりかべ
ぬらりひょん
死神
一つ目小僧
釣瓶落とし
袖引き小僧
目目連
寒戸の婆
生剥
算盤小僧
つらら女
田の神
石見の牛鬼
狸
うわん
網切
手長足長
夜行さん
すねこすり
九尾の狐
山操
あやかし
手の目
百々爺
閻魔大王
針女
ろくろくび
山赤子
木魚達磨
板鬼
輪入道
水の神
岩魚坊主
鎌鼬
方相氏
豆狸
べとべとさん
龍
わいら
ガラッパ
雲外鏡
土ころび
化け草履
河童
蟹坊主
ナンジャモンジャ
豆腐小僧
口裂け女
風の三郎様
達磨
川赤子
百目
烏天狗
細手
コケカキイキイ
麒麟獅子と猩猩
竹切狸
獏
さがり
不知火
ひょうとく
家鳴り
雷獣
やまびこ
座敷童子
油すまし
松の精霊
海女房
黒仏
貧乏神
酒呑童子
狒々
木の葉天狗
おさん狐
濡れ女
枕返し
金霊
大元神
一本だたら
たんころりん
さざえ鬼
大かむろ
コロボックル
朱の盆
バックベアード
雨ふり小僧
お歯黒べったり
あかなめ
琵琶牧々
ぬっぺっぽう
鍛冶媼
シーサー
せこ
精螻蛄
異獣
キジムナー
海坊主
川獺
すっぽんの幽霊
浪小僧
狸囃子
カシャボ
山童
辻神
傘化け
がしゃどくろ
提灯小僧
青女房
小豆はかり
小豆洗い
天井なめ
覚
倉ぼっこ
トイレの花子さん
茂林寺の釜
荒鬼
丸毛
白うねり
川猿
毛羽毛現
白坊主
見上げ入道
夜雀
© 水木プロ

妖怪だるま

貧乏ヒマ無し。とはよく言ったもので。社員9名の零細企業なのに、国内、海外約40社と80件以上のプロジェクトが常時進行している弊社。「そんなにアイデアを出すのは大変じゃないですか？」と聞かれることがよくあります。でも、別に大変って思ったことはないんです。自分にとってアイデアは、ある日突然、空から「降ってくる」ものでもなければ、会議室で「絞り出す」ものでもないんです。かといって、普段から意識的に「アンテナを張る」のともチョット違います。強いて言うならば、「フィルター」のような感じが一番近いかもしれません。

全身がフィルターのイメージです。日常生活を過ごしていると、空気や水のように体を通り抜けていく様々な要素があります。その中でフィルターに「ひっかかる」、わずかな差異や違和感がそのままデザインの素になっている気がします。さらに言うと、そのひっかかったものは小さければ小さいほどいい。「すごく」新しい、とか「すごく」おもしろいみたいな、そんなものは別にいらないんです。

ひっかかった、その微細なものたちをていねいに集めていくことで、デザインが形作られているのです。なので、自分にとって「フィルター掃除＝デザイン」なのです。定期的に掃除をすることで、また別のアイデアがひっかかりやすくなるわけです。

フィルターになるべくいろんなものをひっかけるためには、「脱力」することが一番効果的です。「脱力」が必要なのは、やみくもに「当たり前のこと」を遮断してしまわないようにするためです。なぜなら、「当たり前のこと」からいいアイデアが生まれることがあるのです。

「脱力」することで「既成概念」がなくなり、脳みそが「素っ裸」になり、フィルターにひっかけることができる。ちなみに、この方法に向いている人と、そうでない人がいる気がします。

俗に言う「アーティスティックな人」や「個性的な人」はどうやらダメっぽい。どっちかというと、フツーの人。これがいい。フツーの感覚があるからこそ、わずかな「差異」に気づけるのかもしれません。

なんだか、話が一貫して抽象的なので、具体的な例をあげます。

自分は仕事の合間に紅茶を飲むことがあります。砂糖をたくさん入れて、スプーンで混ぜるのですが、どういうわけか、これがひっかかるのです……(笑)。「ティーバッグ」「マグカップ」「砂糖」「スプーン」の関係性、とでも言うんでしょうか……。何かがひっかかるんです。ひっかかったこれらの要素をていねいに紐解いていくと、いろんなわけのわからない解決策が見えてきます。

砂糖でできたスプーンだったら楽かな？　それって、スプーン自体が砂糖の容器になってても同じこと？　ティーバッグの中に砂糖が一緒に入ってちゃ駄目なのかな？

などなど……。この延長で、具体的なデザインになったのが、『peel』というカップです。

　お湯を注ぐ時に、ティーバッグの糸がコップの中に引き込まれる……。取り出した後のティーバッグの置き場が意外とない……。紅茶を蒸らすためのフタがほしい……。といった、いろいろな「ひっかかり」を素直に解決していった結果、一部がぺろんっとめくれたような、そんなコップになりました。このぺろんっとした部分にティーバッグの糸を巻き付けておいたり、スプーンを引っ掛けたり。茶菓子を置くことができるフタは、スプーンを入れたままでもコップにのせられる。そのフタは、スプーンや使い終わったティーバッグを置く場所にもなります。さらに、スタッキングして収納できるようにもしました。小さな小さなアイデアをていねいにひとつずつ精査していった結果としてのデザインです。

　考えてみると、ティーバッグも一種の「フィルター」のようなもの。そんな、じわじわと魅力が滲み出てきて、ホッと心が温まるようなデザインに仕上がったような気がしています。

問い合わせ先／セラミック・ジャパン　www.ceramic-japan.co.jp

photo: HAYASHI Masayuki

peel

継続的デザインの素晴らしさ

昨日までは「他人ごと」だったことが、デザインを依頼された瞬間から、突然「自分のこと」になります。

ラーメン屋さんに依頼されたら、行列ができるお店にする方法を考える。業界2番手の企業に依頼されたら、何がなんでも1番手に勝つ方法を、1番手に依頼されたら、2番手以下を突き放す方法を、「自分のこと」として考えないといけません。

これが長期的、あるいは継続的なプロジェクトになるとなおさらです。いろんなことが気になって、寝つけなくなる夜が増えたりします。

例えば、消臭芳香剤などを製造販売するエステー株式会社もまた、自分の睡眠時間を削る大きな原因のひとつです(笑)。

恐らく自分よりも元気と思われる75歳の鈴木社長は、なんでも「逆ばり」です。100年に1度の大不況を「100年に1度のチャンス」と呼び、価格競争が熾烈《しれつ》な生活消費材について、「高くなってもいいから、いい商品を作れ!」と叫ぶ。そして、昨年になって「デザイン革命」なるスローガンを掲げたのです。

これまでデザインと無縁であった生活消費材の開発に、デザイン的な視点を導入する、と。それによって、日常生活のデザイン意識の底上げをするのだ、というのです。

早速依頼されたのが『自動でシュパッと消臭プラグ』という商品のリニューアルでした。これは電池を使用した、定期的にミストが吹き出る消臭芳香剤です。プロダクトデザインだけでなく、パッケージや店頭ＰＯＰ、プレス発表会の会場など、nendoの特徴でもある、トータルなデザインを任されました。

本体のデザインはこれまでのイメージを踏襲しながら、ひとつひとつの構成部品を見直していくことで、約25％のスリム化と、それに伴うコストダウンに成功しました。

一般的に「デザイナーズ〇〇」とつくと、マンションにせよ、家電にせよ、割高になる印象があります。付加価値がついているからシャアナイ、と。

でも、デザインを突き詰めることで、必ずしもそうではない、ということを実践できたことは、個人的には大きな意味を持つ出来事でした。

また、表面の質感や背面のネジを隠す、といった細かい配慮によって、これまで一部の女性層を遠ざける原因となっていた「機械チック」な印象を、できるだけ取り除くようにしました。これらの効果がどの程度あったかはわかりませんが、売り上げはとても好調とのこと。

このプロジェクトがきっかけとなり、今はデザインディレクター的な立ち位置で、ほかのブランドなども継続的に監修させてもらっています。

店舗のリサーチや、グループインタビューなどにも立ち会い、「10年後のエステー」を社内デザイナーや商品開発、マーケティング部門のメンバーと日々考えています。

もちろん、いくつかの商品のデザインも手掛けています。

営業部門からフィードバックされてきた修正作業も、随時行ないます。頼まれてなくても、勝手に新しいデザインを提案することもあります。

単発のプロジェクトだと、なかなかこうはいきません。無理をしてでも短期的な結果を出さないといけないですから。野球の「代打」みたいなものですね。初球からぶんぶん振っていかないと印象が悪い。ところが、継続的に関われると、様々な手段を駆使して、中長期的な効果を発揮するデザインを仕掛けることが可能になります。状況に応じて、「デザインをしない」という選択肢すらありえます。とにかく、やれることがたくさんありすぎて、いくら時間があっても足りません……。

10年後をイメージしながら、今日もまた、せっせとエステーの本社に向かうのでした。

問い合わせ先／エステー　www.st-c.co.jp

photo: HAYASHI Masayuki

shupatto!

打開策は「椅子の上に立って見る」

自分は、サラリーマンである父の仕事の都合でカナダで生まれ、そこで10歳までのんびり過ごしてました。4人兄弟の2番目という、ナイスポジション。自転車のロードレースでいう「風よけ」の役目をしてくれる兄の背中を常に見ながら、ぬくぬくと育っちゃったわけです。

2歳くらいの時は「マグマ」という言葉の響きがたまらなく好きだったらしく、昼夜問わず「マグマ」と囁《ささや》き合って、ふたりで爆笑している、摩訶《まか》不思議な兄弟でした。兄がかまってくれない時は、ひとりで近所の森に出かけて、白樺の木の樹皮を黙々と小銭で削り続けてました。なんでそんなことをやってたのか今でもわかりません。ヒマだったんでしょうね。きっと。しまいには、その森の白樺の一角がすべて普通の黒い木になり、エラく満足していたのを憶えています。

そんな、マグマと白樺をこよなく愛す少年も32歳になりまして、最近、表参道にカフェをデザインしました。親子のためのカフェです。赤ちゃんを連れたお母さんが、周囲に気兼ねなく入れるカフェが都心になかなか無い、というオーナーの体験をもとにスタートしたプロジェクトです。

話には聞いたことくらいはあるものの、子供がいない自分は、この「親子カフェ」

という場所に行ったことがない。慌ててリサーチを開始するものの、「授乳室」に「オムツ替え室」「プレールーム」といったピンと来ない部屋名が次々と。ベビーカーの通路幅の確保や、授乳中の「2人目の子供」のヒマつぶし対策、オムツを交換する時の父親の立ち位置など、全くもってチンプンカンプンな項目が山のようにあるのです。

百聞は一見にしかず、ということで、ほかのベビー関連の施設を見学することに。

ガラス越しに外から覗き込むと、中にいる女性たちがこちらを見ているのですが、明らかに「不審者」を見る目です。少しでもこの不信感を緩和させるために笑みを浮かべたものの、むしろニヤついてるように見えたらしく、完全に逆効果。このままだと通報されそうなので、逃げるようにその場を離れます。これぞ「不審者」から「変質者」への自動アップグレードの瞬間です。

そんなこんなで設計を進めていくものの、細かい条件をひとつひとつ追っかけまわしていると、次第にメマイがしてきます。まるで「モグラ叩き」のようです。

こういう時の打開策のひとつとして、「椅子の上に立って見る」というのがあります。ものすごく高い位置から俯瞰《ふかん》するわけではなく、デスク上でにらめっこしていた対象物を「ほんの少しだけ」引いて見る感覚です。

デッサンを描く時に、たまに目を細めて全体像を把握するのと似てます。ざっくりと。そして、ボヤッと掴《つか》む。そうやって見ると、そもそも親子を対象としていたことが、「難しい」ことであると同時に「おもしろい」こともあることに気づきます。

極端に体の大きさが違う2種類の利用者が同時に楽しむ場所、という物理的なギャップ。

つまり、子供と大人では座る椅子も違うし、食事の内容も違う。同じものを見て感じていることも、全く異なるわけです。

同じテーブルでも、大人はテーブルの天板の上面を見ます。さらには、そこにのっているものを強く意識します。でも、子供はテーブルの裏面が見えてるのです。テーブルの脚は柱のように見え、テーブル自体が小屋のような感覚になるのかもしれません。それと同じように、子供用の家具を大人が見ると、まるでおもちゃのように見えます。

これを糸口にして、インテリアのテーマは「子供目線」と「大人目線」に決まりました。「すごく大きい」ものと「すごく小さい」ものがある場所。例えば授乳用のソファ。これが「すごく大きく」なったものがプレールームに。「すごく小さく」なったものがオムツ替え用の台として。

大きい窓に小さい窓。大きい電球に小さい電球。床に使われているフローリング材もよく見ると大小あります。「母親の目の届かない」テーブルや棚の裏にも、動物の親子のイラストが隠れています。

そんな、「親子」がたくさんちりばめられた「親子カフェ」になりました。

問い合わせ先／tokyo baby cafe　www.tokyobabycafe.com

photo: Jimmy Cohrssen

tokyo baby cafe

大学に入学した日に「製図ペン」なるものを買わされました。これがなかなか高いもので。でも、建築学科というくらいだから、当然、製図に使うんだろうな、と思ってました。ところが、授業が始まっても一向に製図ペンの出番がない。3か月が過ぎ、半年が過ぎ……ここで気づくわけです。あ、こりゃダマされたな、と。

仕方がないので、この高価な製図ペンの使い道を考えるわけです。たまたま目に留まったのが、週刊朝日の巻末に載っている「山藤章二の似顔絵塾」という投稿ページ。製図ペンを使って、ハガキに有名人の似顔絵を描いて送ってみると、翌週載ったんです。しかも「雑誌掲載料」なる「バイト代」がもらえることが判明。これは、ひょっとしたら製図ペンの元が取れるかもしれない、ということになり、毎週のように送るようになりました。でも、建築学科の学生というのは、課題の制作やら、建築見学の世界旅行やら、無駄に高い専門書やら……何かとお金がかかります。そこで、もっとギャラのよさそうな『笑っていいとも！』の「似顔絵マスター」というコーナーに持っていってみることに。なんだか、よくわからないうちに勝ち進み、優勝者が集まる「グランドチャンピオン大会」でも優勝。普段は5万円くらいの賞金が、この時は20万円くらいだったでしょうか。その後は、定期的に番組に呼ばれるようになりました。

似顔絵の「お題」となるタレントがＳＭＡＰのメンバーだったりすると、400人以上の応募者が殺到します。でも、微妙なタレントさんが「お題」だと……5人……とか。番組ディレクターも「え？」となる。ということで〝押さえ〟的な意味合いで自分が呼ばれたんでしょうね。なんだかんだいって在学中に20回近く番組に出させてもらったと思います。自分は恐ろしく地味なものだから、最後まで視聴者どころか、タモリさんにも全く覚えてもらえませんでしたが……。でも、たぶん、製図ペン代は無事回収できたと思います。

当時、似顔絵を描いていた時は、デザインとは全く関係のないことだなと思ってました。けれど、今になって思うと、あながちそうでもないんじゃないかな、と。

デザインとは、何かを「伝える」ことです。それは商品の技術的な特徴かもしれないし、クライアントのメッセージかもしれません。その方法論はまちまちですが、どうしたら「伝わるか」を日々考えるのがデザイナーの仕事です。それって似顔絵と全く一緒です。「お題」である対象物をどう「デフォルメ」するか。特徴的な部分はこれでもか、と「強調」して、それ以外の部分は徹底的に「省略」する。鼻が大きい人は画面いっぱいに鼻を大きくして、目や口などは無くてもいいかもしれません。そうすることで、「伝わる」顔になるんです。つまり、顔写真よりも優れた情報に変化するんです。

この「デフォルメ」に近い手法でデザインしたプロダクトの例をひとつ。渡辺教具製作所の『corona』という地球儀です。

　埼玉にある本社を訪れた時、パッと見はどこにでもある町工場にしか見えませんでした。が、お話を伺いながら中を見学させてもらって驚きました。これがすごい会社なんです。NASAから最新の画像を提供してもらう契約を結んでいるうえに、その地図を、職人さんがアイロンのような鏝《こて》を使って、一枚一枚ていねいに貼ることで、世界トップクラスの精度を実現しているのです。

　この魅力的な「お題」をなんとしてもデザインで伝えたい。そこで思いついたのが、白黒の地球儀。地名や国境、色、陰影といった情報をすべて「省略」することで、海岸線や島影などのリンカクがぐんっと「強調」されます。さらに、台座の表現を極限まで「省略」することで、球体がもつ美しさがさらに「強調」されました。この「省略と強調」の関係性はまさに、似顔絵を描いている時と同じ感覚です。

　最終的に出来上がったデザインは、人の概念にある「地球儀の姿」ギリギリまで「デフォルメ」されたものとなり、渡辺教具製作所の精度の高さが随所に表れたものになりました。ひとりでも多くの人にこのプロダクトの魅力が「伝わる」ことを願いつつ、デスク脇に置かれたこの地球儀を今日もぼんやり眺めています。


問い合わせ先／渡辺教具製作所　blue-terra.jp/

photo: HAYASHI Masayuki

corona

デザイナーである自分が言うのも変な話ですが、デザイナーに仕事を依頼するのは、少し勇気がいることのようです。

全身コム デ ギャルソンな格好をした神経質そうなセンセイが颯爽《さっそう》と出てきて、眉間《みけん》にシワを寄せながら、わけのわからん横文字を並べたかと思ったら、「まぁ。こんな感じかな?」とつぶやきながら抽象的なスケッチを描く。

どんな感じだよ、と思ってたらいきなり高額なデザイン料を請求してくる……。

みたいなイメージがあるようです。極端な話ですが。つまり、自我が強くて、意見を聞き入れない人種なんじゃないか、と思われているのかもしれません。

まあ、一部にはそういう人もいるのかもしれませんが(笑)、ほとんどのデザイナーはそんなんじゃないと思います。同業者に友達がいないのではっきりとはわかりませんが……。

っていうか、同業者に限らず友達がいないことに最近気づいたんです。携帯の電話帳を数えたらぎりぎり30件。親族、社員、理髪店、歯医者など、全部含めてです。「な行」と「ら行」のフォルダーは、選択すらできないところを見ると、多分その行から始まる名前が登録されていないんでしょうね。

話がそれてしまいましたが、デザイナーって、どちらかというと「受け身」な職業だと思います。限られた予算の中、常にスケジュールに追われています。クライアントと話し合いを重ねながら、安全性、生産性、法規など、様々な条件を消化していき、最終的にひとつの解決策を提示しなくてはいけません。

タチの悪いことに、こういった条件はとても流動的です。

例えば、インテリアの現場で古い壁を剥がしてみたら、本来あるはずの柱がない。そんな時に、応急処置程度で済めばいいけど、全体に悪影響を及ぼす可能性が少しでもあれば、イチから全体の考え方を練り直すこともあります。だから、強すぎる自我は足を引っ張ります。昨日「白」と決めたことを今日「黒」と断言できる、一見無責任に聞こえるかもしれないけど、そんな決断力や柔軟性がないと成り立たない部分があります。

そして、最終目標として、プロジェクトに関わった人全員がハッピーにならないといけないわけです。

月並みな話ですけど。でも結構難しいことなんです、これが。イタリアデザイン界の巨匠、エットレ・ソットサスさんの言葉に「デザインとは恋人に花束を贈るようなもの」というのがあります。さすがラテン系。日本人にはとても言えません。でも、的を射ている気がします。

そういえば、ファッションデザイナーの三宅一生さんとプロジェクトをご一緒した時も、同様のことをおっしゃってました。

「時にアートは人に苦痛を与えてもいいけど、デザインは最後に必ず喜びを与えないといけない」

という感じの言葉だったと思います。そんな一生さんに、最近また新しい「プレゼント」をさせていただきました。

渋谷パルコにある「24 ISSEY MIYAKE」という小さなショップのデザインです。手頃な価格帯ながら、シーズンごとに20色近いカラーバリエーションが登場し、頻繁に商品構成が入れ替わる、まるでコンビニのようなショップです。ロゴやパッケージ、インテリアまでトータルにデザインさせてもらっていますが、商品の色彩を活かすために、内装はすべて白で仕上げています。

これまでに、同じコンセプトで全国の髙島屋に6店舗ほど手掛けましたが、この渋谷パルコ店は少し特別な店舗です。

ガッチリとした強固な家具によってではなく、代わりに細いスチールの棒が林立することで、柔らかくて軽い洋服がその上をふわりふわりと漂う、まるで花畑のようなショップになりました。

「陳列するのが難しいけど、うまくできるとすごく商品が魅力的に見えるんです」と、うれしそうにしているショップスタッフの方と、それを物珍しそうに眺めるお客さんの表情を見て、また少しだけホッとする自分なのでした。

問い合わせ先／ISSEY MIYAKE　www.isseymiyake.co.jp/

犬は数少ない「友人」の一人です

2010.05

photo: ANO Daici

24 ISSEY MIYAKE

いろんなものをデザインさせていただいていますが、基本的に自分の手で最終的な形を作りません。いや。正しくは、作れません。

工芸作家がみずからの手で作品を生み出すのと違い、デザイナーは様々な業者さんや職人さん、専門的な技術者の力を借りないと実現できません。

だから、クライアントと業者さんの板挟みになることもしばしば。トラブルが起きると、一升瓶を片手に職人さんに頭を下げにいくこともあります。中国の工場や、イタリアの片田舎の家具工房に飛んで行って、お願いすることもあります。一貫してそんな感じです。正直、あんまりカッコいい職業とは呼べません。

歴史的に見ても、日本におけるデザイナーは「最近の職業」です。戦後の高度経済成長期にプレハブ住宅が大量生産されはじめるまで、家を建てたい人のほとんどが直接、近所の大工さんに頼むものでした。日用品も同じく、職人さんに作ってもらうもの。そして、こういう人たちが当然のようにデザインをしてました。だから、デザイナーが煙たがられるのも無理ありません。

そういう意味で、デザイナーがエラソーなことを言うのは100年早いんです。文字通り。

昨年末から年明けにかけて、ニューヨークデザイン美術館でnendoの個展が開催されました。ここ数年、デザイナーが美術館やギャラリーで作品を発表するのは特別なことではなくなりました。

「量産品」でも「美術品」でもないこの新たなジャンルは、生産数が限定されていることなどから、「リミテッド・エディション」や「デザインアート」などといった名前で呼ばれているようです。

デザイナーにとっては大量生産品よりも制約が少なく、新しい素材や技術に挑戦できる良い機会ですが、何かと細かいルールがある不思議な世界です。石膏型や木型を使って製造する作品は、最初に成型されたもののほうが、それ以降のものより高値で取引されるとか（成型を繰り返すうちに型の精度が甘くなっていくのです）。写真や版画作品のように、生産数が40個を超えると「限定生産」という扱いにならない、とか。「プライマリー・マーケット」と「セカンダリー・マーケット」があり、まるで株価のように取引値が変動する、など。とにかくややこしい。

美術館やギャラリー以外にも、オークションやアートフェアといった場所でも取引され、あのブラッド・ピットも、毎年バーゼルのアートフェアに訪れては、ウン千万円する家具をぽんぽん買っていくことは有名な話です。でも、このような流れはまだ日本では浸透していないようです。「nendoさんは美術もやるんですか？」などと誤解されることもしばしば。

何はともあれ、デザイナーの活動のフィールドがまた少し広がった、ということなのでしょう。

そんなわけで、ニューヨークの展覧会もnendoにとっては大切な仕事のひとつ。そのための新作を作らなくちゃいけない、ということで、またもお世話になったのが、日本の職人さんたちです。

お願いしたのは、脚の太さがわずか15㎜の椅子。それはまるで鉛筆のように、直径9㎜のステンレス製の骨組みを、3㎜の厚さの木で覆っていく作業。ひとつひとつのパーツが手仕事で削り出され、一寸の狂いもなく接着されていきます。仕上がった姿は無垢材のような、まぎれもない「木の椅子」になっていました。

これまでの木の椅子は、いかにして「構造」と「視覚的な美しさ」のバランスをとるか、が最重要テーマでした。俗にいう「機能美」というやつです。でも両者を完全に切り離すことで生まれる魅力もあるんだなあ、と。自分でも驚きでした。

展覧会のほうはというと、一般来場者や美術関係者をはじめ、各種メディアからも比較的好意的な反応をいただきました。

その後、4月には「ミラノサローネ」、5月には「金沢世界工芸トリエンナーレ」で展示し、そしてロンドンのサーチ・ギャラリーへの出品も控えています。評判は上々のようです。

そんなわけで、ますます職人の方々には頭が上がらなくなるのでした……（汗）。

photo: KAWABE Yoneo

cord-chair

胃腸が弱いデザイナーの悲劇

帰宅した妻のほうから「うぅっ！」という呻《うめ》き声が聞こえてくる。何かあったのかと心配になり、玄関まで様子を見に行くと、妻は口元を手で押さえ、苦悶の表情。目にはうっすらと涙が浮かんでいる。

「どうしたの？」と聞くと、妻がぽつりとつぶやく。

「何を食べたら、トイレがこんなにクサくなるの……？」

衝撃である。でも、これが現実なのである。廊下を経て、トイレの異臭が玄関まで到達していたのである。便器の蓋《ふた》はもちろん、トイレの扉も閉まっている。しかも玄関には吹き抜けがあり、空気の対流もそれなりにあるはずなのに……。

「アナタと同じものを食べてますが」とも言えず。

「アナタが作ってくれた昨夜の夕飯ですが」とは、もっと言えず。

「ん？　犬の糞を掃除し忘れてたかな？」という苦し紛れの逆転劇も一瞬頭をよぎるが、どう考えても無理がありすぎる。

そうなんです。自分は昔から胃が弱いんです。

デザイン案のプレゼン中に猛烈な便意をもよおし、携帯が鳴ったフリをして会議室を飛び出したことは数知れず。即効性のある『ストッパ』と、徐々に効くが数時間経過しても腹の奥からあの独特な臭いが出続ける『正露丸〈糖衣A〉』はどちらも常備薬です。

すごくいい言い方をすれば、宮本武蔵の二刀流みたいなものでしょうか。一度、極限まで追い込まれて、2つを同時に服用したことがありますが、これはあまりオススメしません。逆に便秘のような状態になるのです。

打ち合わせや出張に同行することが多い、マネージメント担当のイトウもまた、「ガラスの胃腸」の持ち主です。はっきり言うと、彼はバナナやお粥でも腹を下せます。消化酵素がどうの、やれ善玉菌だ悪玉菌だ、と御託を並べてヨーグルトを食べたら、それが引き金となって、また腹を下します。ベルト着用のサインが点灯し、完全に着陸態勢に入った飛行機内で、添乗員の制止を振り切ってトイレに駆け込んだこともあります。彼ほどのレベルになると、便意が「波のように押し寄せてくる周期」を把握しているらしく、「あと2回は持ちこたえられますが、その次の波が臨界点です」という的確な状況説明をします。

それを聞かされた自分はどうしてあげることもできないのですが……。

時間が読めるという理由で、電車を使って2人で移動することが多いのですが、全然時間が読めないんです。片方が「途中棄権」のような「途中下車」をすることがしばしばあり、「新宿駅で会おう」ということになるからです。

年に6~7回行くイタリア出張もまた関門です。こってりとしたチーズに生ハム、肉料理など……どれも一撃でKO。最も安全策と思われたグリーンサラダをオーダーすると、上にかかっているオリーブオイルに「被弾」します。うかつに頼んだ食後のエスプレッソはもはや言うまでもありません。

　こんなありさまなので、必然的にトイレでの滞在時間が長くなるわけですが、トイレの除菌と消臭をしてくれるイオン発生機を最近デザインしました。トイレ以外にも玄関や洗面所、廊下などの、ウイルスや菌の進入経路となる「狭い空間」を想定している商品のため、とてもコンパクトな設計です。

　イオンを集中的に浴びせるために噴出口を傾けた「猫背」なフォルムが特徴なのですが、これによって、どこに向かって放出しているかわかりやすくなっています。

　さらに、この傾きによって上面部分が「こっちを向いている」ため、そこに大きなリング状の「お知らせランプ」と、その内側を「全面ボタン」にすることで、遠くからでも状態がわかり、床に置いた時に足でもポンッとボタンを押せるくらい、簡単に操作できるようになりました。

　当然ながら、早速、自宅のトイレで使うつもりです。ちょっと心配なので、例の玄関にもう1台置きます。そして、妻へのイメージアップに努めたいと思います……。

問い合わせ先／エステー　www.st-c.co.jp

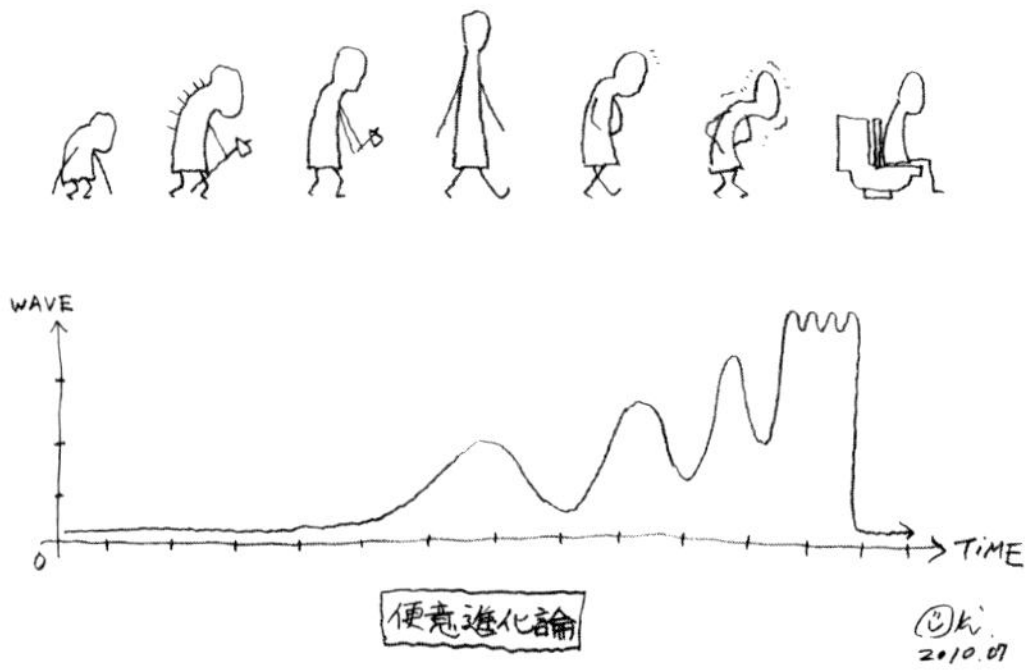

photo: HAYASHI Masayuki

virus attacker

ボタンの掛け違い的デザイン

　いつもと変わらぬ平々凡々とした一日。パソコンに向かって図面をチコチコいじっていたところ、事務所の電話が鳴り、精神科医院の内装を設計してほしいとの依頼がきました。

　まっさきに頭をよぎるのは、少し前に森美術館でみた『医学と芸術展』。確か、中世に精神病の治療に使用されたという、檻《おり》のような形をした、電流を体に流す機械。「牢屋＋電気椅子」といった趣で、メチャメチャ怖い。

　そんな、抜群にネガティブなイメージを抱きつつ、いざクライアントとの打ち合わせに。

　会議室で待たされている間、どんな人だろうか、と想像が膨らみます。毎日たくさんの患者さんと会話をしながら診察をしているだろうから、声のトーンや目の動きなどから、自分が考えていることがすべて見透かされるんじゃないか、という恐怖が不意に襲ってくるわけです。別にウソもついちゃいないし(まだ会ってもいないですからね)、ヤマシイこともない。たぶん。道で警察官とすれ違う時のちょっとしたドキドキ感に近いですね。

　いや待てよ。心を読まれるならまだしも、そのまま診断→即入院、みたいなことになったらどうしよう。自覚症状が全然無くても、正面切って「あんた病気だよ」って言われたら、なんとなくその気になっちゃいそうです。

……などと必要以上に妄想がエスカレートして脇汗をびっしりかいた頃に、クライアント登場。びっくりするくらいフレンドリーな方々でした。

精神科医といっても、どちらかというとＩＴ企業や外資系企業のコンサルティングを中心とした、漢方やサプリメントなども組み合わせた、トータルなメンタルヘルスケアが主な業務内容なので、残念ながら（？）電気椅子とかが登場する雰囲気じゃありません。

そして、いろいろな話を聞いていると、ひとつおもしろいことに気づいたのです。

自分の中で病院とは、病気である＝「－（マイナス）」からいかにして「０（ゼロ）」の状態に治療するか、というのが目的だと思っていたのですが、この人たちは、これまで以上に豊かで充実した「＋（プラス）」を生活の場にいかにしてもたらすか、ということを真剣に考えている、というわけです。

そのためには「心の中を整理すると同時に、新たな場所を開拓する必要がある」というニュアンスの、非常に前向きな話でした。

そのイメージをいかにして空間で表現するか。しかも、予算的にも面積的にもギリギリです。限られた要素で、それこそ「＋」に転じるデザイン。こういった一発逆転打が求められた時には、そこに用意されている状況の中でジタバタせずに、その状況自体の「均衡を崩すこと」を意識するようにしてます。
「崩す」というより、1ピースだけ「ずらす」といった感覚のほうが近いかもしれません。

フィギュアスケートの採点方式じゃないけど、ルールが1つ変わるだけで、競技は全く変容してしまいます。それを意図的に仕掛けることで、デザインの領域がぐいっと広がるわけです。このクリニックの場合、「一見すると壁に扉が整然と並んでいるけど、実は、どれひとつとして扉として機能しない」ことを考えました。そして扉ではない場所に、扉の機能を補うようにデザインしてみました。

アートフレームに手を掛けて少し引っ張ると、ぱかっと壁が開くのです。そして、明るくて気持ちのいい部屋が現れます。通路の突き当たりの扉を開けてみると、そこに部屋はなく、目の前が一面窓になっています。この扉の開け加減によって、自然光の量を調節できる、いわば遮光カーテンの機能を持った扉なのです。

このように、わざと「ボタンを1つ掛け違える」ことによって、芋づる式に不思議なデザインが次々と発生するのです。そして、それらを集積することで、そこに訪れた人にとって「心の中の新しい扉を開くような」体験ができる空間になるのです。

問い合わせ先／MD.net Clinic AKASAKA　www.md-clinic.net/

photo: Jimmy Cohrssen

MD.net Clinic AKASAKA

バナナとデザインの鮮度

nendo社内には様々な人間がいますが、その中のひとりに、バナナを窓辺に置いて熟成させる男がいます。植物やペットならまだしも、バナナの面倒を見るとはなんとも気持ち悪い。近所で買ってきた1房100円もしないような「幕下」バナナを1週間程度で「横綱・大関」級とは言わないまでも、確実に「幕内上位」クラスにまで育て上げるのだから相当なものです。

必然的に彼のデスク周辺は、いつもバナナくさいです。端正な顔立ちと、大卒後にニューヨーク留学という、彼の無駄にスタイリッシュなイメージが、その異臭のせいで最近はすっかり霞《かす》んでいます。とはいえ、その「バナナ熟成師」としての確かなスキルに周囲の評価はうなぎ上りで、自分を含めほかにも複数のスタッフが彼に業務委託しているようです。

そんな様子を眺めていると、デザインにも「熟成」というコトバが当てはまるような気がします。

ただし、バナナと違ってデザインはあまり熟成させないほうがいい、というのが持論です。大きな理由として、アイデアには「鮮度」があるからです。時間をかけてグツグツと煮詰めるようにして風味を醸し出すデザインも存在しますが、自分はどちらかというと「お刺身」や「サラダ」のように、素材の見極めと手際の良い包丁さばき、そして最低限の調味料をぱらりと加えたような表現のほうが、素材のポテンシャルを最大限に引き出せて、好きです。何よりも、濃厚なソースを作らせたら欧州デザイナーにはとてもじゃないけどカナワナイ。

鮮度重視のデザインは、長く手に持つと自分の体温が食材に移ってしまうため、少ない手数でイメージを結実させる瞬発力がキモとなります。だから、社内のスタッフには「精度の高さ」はもちろんのこと、「スピード」を徹底的に求めます。そんなことを追求してるデザイン事務所はなかなかレアな感じですが、少しでも早くアイデアを具現化する基礎能力さえあれば、そこからさらに深く掘り下げたデザインを追求することも、また、全く異なる方向性を幅広く模索することも可能になるのです。

日本デザインの巨匠・倉俣史朗氏が答えたインタビューに「アイディアをためて使おうとするとダメですね。1回ごとに全部出し切っちゃわないと。（中略）今後これ、いつか使おうと、とっておくと腐っちゃう。」というのが遺されていますが、これもニュアンスとして近いのかもしれません。

先日、ちょっとしたキッカケでアートディレクターの佐野研二郎さんと対談をさせていただきました。その中で、彼が長時間かけて試行錯誤をした結果「一番最初に描いた絵が一番良かった」という話をしてました。これには思わず納得。少し違うかもしれないけど、自分は迷った時は必ず先に考えたほうを選択するという習性があります。つまり、無意識に鮮度の高いアイデアを優先させてるのです。

少し前に、コンセントプレートをデザインしました。KDDIからの依頼で、携帯電話の周辺アクセサリーを作ってほしいとのことでした。自分の部屋を見渡すと、壁のコンセントに充電器で繋《つな》がれた携帯が床に転がっている姿が目に入るわけです。

そこで「わざわざスタンドを作らなくても、コンセントに携帯をのせれば」ということを思いつくのですが、壁にカゴや台などをくっつけるのはどうも気持ち悪いんです。その時に思いついたのが洋館の壁に飾られている剥製の角。これだったら携帯が置かれていない状態でも淋しくないし、どの機種でもしっかりホールドできます。コンセントも、剥製の角も、本来どちらも壁に付いているもの。だから両者は意外とマッチします。

ここでストップです。これにさらに別の機能を加えたり、装飾を施そうとすると「熟成しすぎ」なんです。そんな感じでデザインしてます。

そういえば、7年くらい前にラジオで「バナナが10年後に絶滅する」という学者の話を紹介していました。なんとも恐ろしい話ではないですか。現在、この話題への関心は巷では微塵も感じられないですが、熟成したバナナを食べながら3年後を静かに見守りたいと思います。

※プロトタイプにつき、商品化はしておりません。

socket-deer

photo: HAYASHI Masayuki

とにかく移動が嫌いです。陸海空どれも全部ムリ。父も母も極度の出無精で、父に至っては朝、玄関のポストに新聞を取りに行くだけでも舌打ちしています。

つまり、出無精において自分は生粋のサラブレッドなのです。ところが、半分以上のクライアントが海外企業なもので、嫌がらせのように出張が増えるんです。1週間で5〜6都市をまわる強行スケジュールを月に1〜2回繰り返していると軽く頭がおかしくなってきているのが自分でもわかります。

時々、びっくりするようなこともあります。先日、上海に飛んだ時は、少年に「パパー、おしっこー」（的な内容かと。中国語なので定かではないですが）と言われた少年の父親が、躊躇《ちゅうちょ》なく飲みかけの500mℓのペットボトルを取り出し、「これにしろ」と。恍《こう》惚《こつ》とした表情の少年。機内に響き渡る音を黙って聞く乗客。なんともシュールな状況ではありませんか。

もし自分に中国語が話せたならば、この父親に一言だけ言ってあげたかったです。「機内にはトイレが前方2か所、後方にも2か所ございます」と。さらにもう一言だけ付け加えるとしたら、「機内への液体物の持ち込みは禁止となっております」と。

液体物を持ち込めない、という話で思い出しましたが、あれって空港や航空会社によっても微妙にルールが違うんですね。
確か国内のどこかの空港の手荷物検査場に「持ち込めないもの一覧」が掲示されてて、「清涼飲料水、ヘアスプレー……」、うんうん、わかります。「……ジャム、マヨネーズ……」、うーん……そうなんですかね……。「……味噌……プリン……」、え？そうなの？　あれも液体物ですか？　「……なめ茸。」、えええっ⁇　って思ったことはあります。幸いにもその時自分の手荷物にはなめ茸が入っておらず、無事通過できましたが。

それ以来、面倒くさいので国内出張はできるだけ新幹線を使うようにしてます。とはいえ、一番つらいのはなんといっても時差ボケです。解消法はいろいろ試してます。

①移動する数日前から移動先の時間に合わせた生活をする。欧州に行く前は夜型に、米国の前は朝型に。これはプールに飛び込む前に体を水に慣らすアレと一緒です。

②起床後1時間以内に日光を浴びて体内時計をリセットする。

③適度な運動で体のリズムを整える。

といった「時差ボケ解消3大原則」を提唱してはいるものの、肝心の提唱者がボケているからどこまでアテになるかわかりません。

そんなボケた状態でデザインをされたクライアントはたまったものではないと思うかもしれませんが、実は、このボケがデザインに役立つことがごく稀《まれ》にあるんです。ぼーっと物事を見ていると「見間違え」をすることがあります。この「見間違え」こそがアイデアの素になっちゃったりするのです。

ガラス窓に何かくっついてるな、と思ったら反対側のものが映り込んでいるだけだったり。立体に見えていたものが実は平面だったり。遠くにあると思ってたものがすごく近くにあったり。そんな、誤認による、一見すると無関係なもの同士が突然リンクすることで、おもしろいデザインになることがあります。

元来、日本人には「みたて」という表現手法が根づいているわけだから、別に新しいことではないはず。玉砂利に「海」を、もう少し大きい石に「山」を見出せる国民ですから。そんな「見間違えデザイン法」で作ったもののひとつが、数年前にデザインした表参道のスポーツジムのインテリアです。

何かカラフルな壁だな、とロッククライミング用の壁をポップなデザインと「見間違えた」のが事の発端。逆に機能一辺倒のロッククライミングの壁を、アートフレームやインテリア雑貨で構成すれば、使われていない時も十分に楽しめるのではないか、と。

実際にデザインしはじめると、これがなかなか大変で。クライミングのスペシャリストの方にホールド（握るパーツ）や、ルート設計のアドバイスをいただきながら、競技としてもキチンと楽しめるレベルのものになんとか仕上がりました。

このインテリアは世界各国のメディアで取り上げられ、不幸なことにまた海外から仕事の依頼が来るのでした……。

photo: ANO Daici

ILLOIHA OMOTESANDO

今もまだあるかわからないですが、自分が中学生くらいの頃、果汁100％という触れ込みの果物味のグミのお菓子がありました。独特の弾力のある食感がたまらなく好きで、ほとんど毎日のように食べてたわけですが、中学生ながらに「果汁が100％ってことないだろ」と、なんとなく感じてたわけです。

ある日、ふと裏面を見ると、そこには説明書きがあったんです。「5倍濃縮果汁を20％使用しているので生果汁換算すると100％です」的な話が。

エエッー!? ですよ。だいたい「生果汁換算」なんて聞いたことないし。

それ以来、果汁が何％入っているとか、無添加がどうした、ゼロカロリーがどうだ、といったことは別にどうでもよくなったというか、おいしければそれでいいじゃないの、ということになったわけです。楽観主義者としての第一歩を踏み出した瞬間です。

あれからおよそ20年の月日が経ち、ただのお菓子好きな二流デザイナーとなった私は、ロッテのガムをデザインするという幸運に恵まれました。

それまでパッケージデザインの経験は数えるくらいしかなかったのですが、「何かおもしろそうなことをしてくれそうな人だ」という、ただそれだけの理由で声をかけてもらったのです。

与えられた課題は「口臭除去ガム」をどう売るか、というものでした。当時、市場の圧倒的な主流はキシリトールなどを配合した「歯にいいガム」。「口臭除去ガム」なんて、焼き肉屋でもらうもの。オヤジのためのもの。持っているだけで「私はクサイです」と宣言しているようなものでした。

それを、20〜30代の若者が持っていても恥ずかしくないものにしよう、という内容でした。リサーチを重ねていくうちに気づいたのが、市場に出回っているパッケージデザインの傾向でした。

みんな「こっちを見て」とばかりに猛烈アピールです。強烈なカラーリングにフルーツが弾けるイラスト。さらに、キャッチコピーを重ねて、ロゴも負けないように配置して、これでもまだ足りないかとばかりにパールやホログラム加工なんかもしちゃうわけです。確かに、店頭でお客さんが購入の判断をする時間はわずか0.2秒と一般的に言われており、コンビニの週間売り上げデータが芳しくなければ、すぐに商品棚から消えてしまう厳しい世界。

だから、ほかよりも一歩でも前に出ないといけない、というわけなのです。そこで考えたのが、逆に「一歩下がる」ことで目立てないか、ということでした。

みんなが絶叫している中で1人だけ小さな声でつぶやいていたら、何を言ってるのか気になるんじゃないかな？　と。

パッケージはアルミ蒸着加工がされた包装紙の地のシルバーを活かすために、印刷屋さんには相当面倒くさがられながらも、薄い白色を何層も重ねてプリントすることで、ギラギラ感の少ない上品なマットシルバーに仕上がりました。ミントの清涼感を表現するために緑色のグラデーションを施し、開発途中のガムを何回も噛みながら、色味やボカし加減の微調整を繰り返しました。

　そして、文字情報や企業ロゴはすべて白一色で印刷することで、見る角度によっては消えるようにし、商品名である『ACUO』というシンプルなロゴをポンと配置しただけのデザインにしました。

　これによって、店頭では不思議な存在感が醸し出され、購入した後にポケットやバッグに入っている佇まいも決して恥ずかしいものではなくなりました。

　その後も、コミカルでクールなイメージキャラクターとして登場していただいた俳優の伊勢谷友介さんのスチール撮影のディレクションにはじまり、雑誌や交通広告、店頭POPの制作など、慣れない業務に四苦八苦しつつ、結果的に、『ACUO』は歴史的な売り上げを記録し、ロッテの方々とは、千葉マリン球場に一緒に野球を見に行く関係になりました（笑）。

　今もなお『ACUO』ブランドはすくすくと育ち続け、このプロジェクトは継続しています。この、一緒に成長し続けている感覚こそが大きな財産のひとつなのです。

問い合わせ先／ロッテ　www.lotte.co.jp

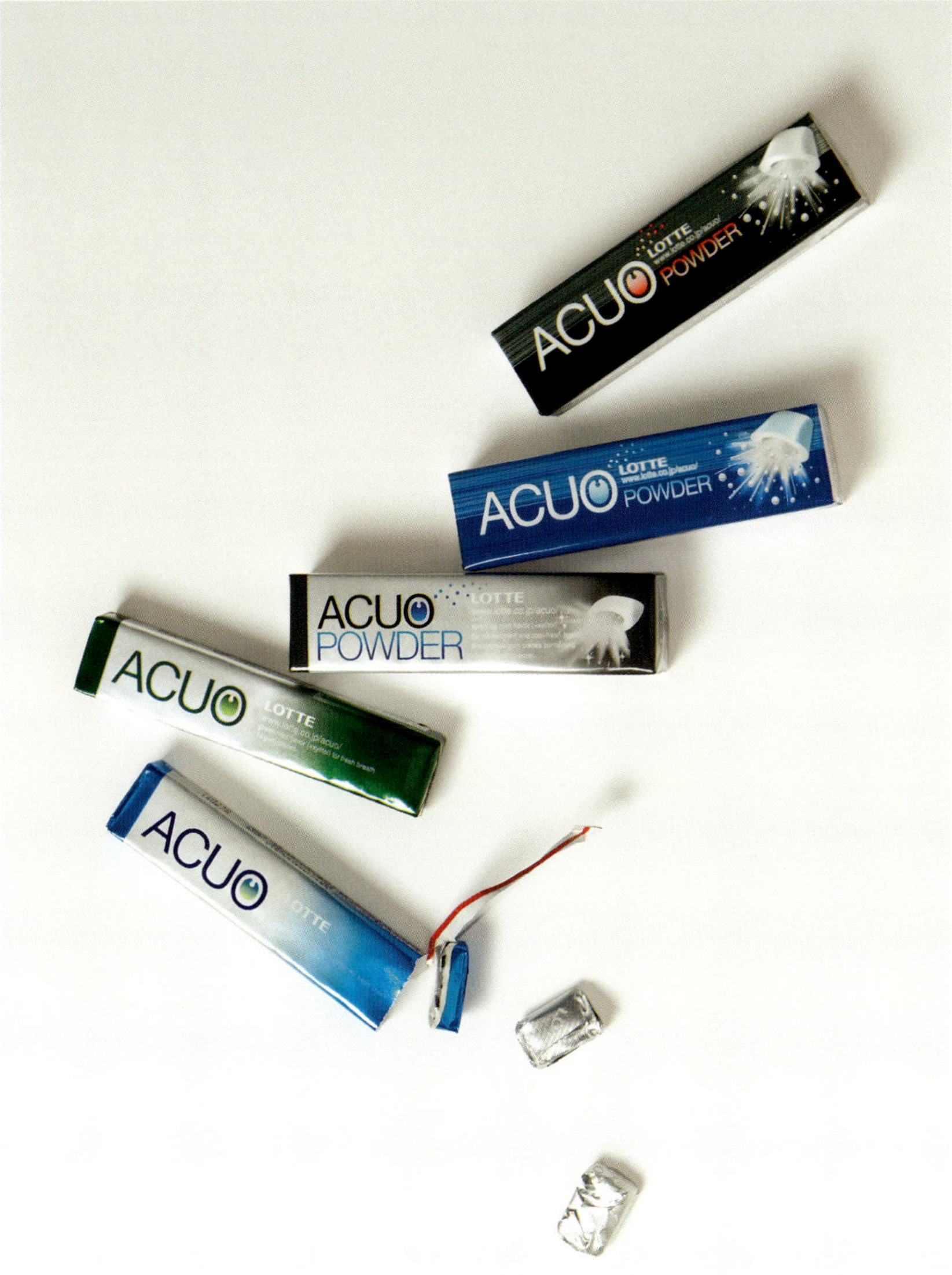

photo: HAYASHI Masayuki

ACUO

すべらないオチ先行テクニック

週末は基本的にごろごろしながらテレビなぞを見ています。喫茶店でスケッチを描いたり、フランス映画を見に行ったり……というクリエイターっぽいことを一度やってみたい気持ちはあるのですが。どちらかというと『ちびまる子ちゃん』→『サザエさん』という、日曜の黄金リレーをウトウトしながら見るのが好きです。

そんなわけで、一日中テレビの前にいて、なんでもぼーっと見ているのですが、お笑いがデザインに通じる部分があることに最近気づいたのです。どちらも同じコミュニケーション手段。形こそ違えど、人の感情にどう作用させるかという目的は同じなので、共通点があっても別に不思議ではありません。

「ボケとツッコミ」はデザインにもあります。バランスが整いすぎた状況だとデザインがしにくい時があります。つまり、解決すべき課題が見えにくい状態です。

こういった時には、新たな視点から「問題提起（＝ボケ）」をし、それを「解決（＝ツッコミ）」することで場の均衡を崩す必要があります。「ボケとツッコミ」と同様に、この2つは常にセットじゃないと機能しません。「ショートコント」のキャラクターや状況の設定方法は、「そういう人いるいる」「そういう事あるある」という受け手側の共感を得ることが重要ですが、デザインをする際のスタンスと変わりありません。「勢い任せ」の芸人もまた、考えようによっては日常的なこと（フッーなこと）をあまりにも非日常的な手段（過剰なテンション）で表現するために生まれる違和感が笑いに繋がっていると言えます。これは以前、本連載で書いた「デフォルメ」的なデザインと似ています。

となると、最後の「オチ」は、デザインされた最終的なアウトプットと呼べるかもしれません。この「オチ」までどのような道筋を立てるかによって、全体のクオリティーが大幅に左右されます。

この過程はデザイナーによってもいろいろですが、自分の場合、先に「オチ」を決めて、そこに至るまでの経路を逆算していくようなやりかたが多い気がします。

一応プロとして、一定のペースで安定したアイデアを出し続けることが求められる以上、「失敗しにくい」デザインプロセスを懐に隠し持っていることは大切です。それがこの「オチ先行」のデザインなのです。

例えば「赤い椅子」のデザインを依頼された場合、椅子の形状や素材を考えて↓座り心地やサイズ感を調整し↓構造的な強度の確認をして↓それに最も適した赤色の仕上げを検討した結果として「赤い椅子」になる、ということではないのです。

自分の場合、「実際は白色なのに赤く『感じられる』椅子です」というふうな「オチ」を先に決めちゃいます。人が「赤」と知覚さえできれば、それは十分「赤い椅子」と呼べるであろう、という根拠が、オチの一歩手前の「フリ」のようなものです。

そこから、どうやったら白い椅子が赤く見えるのか？　という「そこに至るまでの経路」を考えていきます。

鏡のような素材で作って、赤い壁を映り込ませる、という素材によるアプローチ。赤い光を照らすことで赤く見えます、という周囲の環境を操作するアプローチ。高い丘の上に置いて、夕日に照らされると一日の一瞬だけ赤く染まる、という無駄にロマンチックな（笑）アプローチ。赤いフィルムを前に置くことで同様の効果が得られないか、というもう少し現実的な展開。それはグラサンのように人に近いフィルターなのか、あるいは水族館の水槽のように人と椅子の中間に位置するフィルターなのか？　むしろ、フィルターが存在しなくても同様の効果が得られないか、と考えてみて、補色である緑色をじっと眺めてから、白い椅子を見たら赤く見えるんじゃないか……。

どこまでも自由でありながらも、スタートとゴールの間のスキマに最もハマるピースを探し出します。それが、最終的に「赤い椅子」となるのです。

最近、くつべらをデザインしました。はじめの「ツカミ」の部分は、マルニ木工という木の加工技術が高い会社の能力を最大限に引き出すこと。そして、「オチ」は「必要な時に突然現れるくつべら」。その間の道筋はご想像にお任せします。逆に「オチ」からさかのぼって考えると、きっと「ツカミ」の必然性が見えてくるはず……。

問い合わせ先／マルニ木工　www.maruni.com/

photo: HAYASHI Masayuki

shoe-horn

無駄に図体がデカい私ですが、これが意外にもデザインの役に立つんです。なんてことは全く無くて。一度たりとも活用されたことはありません。日常生活レベルだと天井の電球の取り替えや、収納の上のほうに溜まったホコリを落とすのに便利ですけど。基本的に脚立があれば済む話なので。足もとを気をつけて歩いたら天井に頭をぶつけ、今度は天井を意識したらちょっとした段差でつまずいて、と。総合的に判断したらマイナス先行気味な感じです。

取材の時などに「意外と大きいんですね」とサラッと言われることが多いですが、私は型落ちのモバイル端末か、と。そして、メリットが特に無いことを伝えると、「待ち合わせの時にすぐに見つかって便利じゃないですか」などとフォローしていただくわけですが、それって本当に便利なのか？　と思う今日この頃です。コンビニのレジで前に並んでた小さな子供に「パパっ！　チェ・ホンマンだよ！」と軽くパニックを起こされたこともあります。チェ・ホンマンって……おっ？　韓流スターですか？と一瞬勘違いをして、すぐにK－1の通称「コリアンモンスター」であることに気づくわけで。

先日も、はじめてお会いしたクライアントに「こういっては失礼かもしれませんが、雑誌などの印象からして、もうちょっと華奢《きゃしゃ》な感じの方かと思っていました」と、すごく丁重に落胆されてしまいました。本当に申し訳ない限りです。そんな夜はひとり缶ビールを片手に、〝いつからだろうか、自分の身長を低くサバ読むようになったのは……〟と物思いに耽るわけです。

欧米では、スタルクやジョバンノーニといった、どう見ても100kg超えしているデザイナーや、カリム・ラシッドやマルセル・ワンダースといった明らかに190cm超えデザイナーなど、「巨漢デザイナー」はそこそこいるんですけどね……。

図体とは裏腹に、デザインを考える時はできるだけ「コンパクト」であるように意識しています。スポーツにおいてフォームがコンパクトであることが重要であるように、デザインもまた小さな筋肉を細かく連動させながら、短い稼働範囲内にできるだけエネルギーを凝縮するような考え方は大切なのです。つまり、与えられた課題に対して常に「最短距離で解決する」というスタンスなのです。「こっちがカッコいい」とか「あっちのほうがキレイ」みたいな話は後からついてくる話で、まずはデザインがきちんとツボ（本質）を射止めているか、つまり「デザインが適切に機能」しているかが重要なのです。こういった考え方は、やはり小さくてシンプルな機能のものをデザインする時にこそ、効果は顕著に表れるように思います。

数年前にアロマセラピストの大橋マキさんがプロデュースをする、アロマオイルブランド『aromamora』のボトルデザインを手掛けさせていただきました。

手の中にすっぽりと収まるほど小さなボトルです。でも、実は当初依頼されたのはボトルではなく、オイルを垂らして香りを楽しむアロマディフューザーのデザインでした。ボトルは紫外線を遮断し、油性分を逃がさない茶色の既製品の瓶を使用することが決まっていたからデザインを施す余地が無い、との理由でした。

その一言がむしろデザインの糸口になりました。イメージしたのは『ペプシコーラ』などに付録でついているボトルキャップです。ボトル自体は同じだけど、外からもうひとつキャップをはめることで、十分オリジナル感のあるデザインになるわけです。さらに、そのキャップがディフューザーとしての機能も兼ねれば、いちいちボトルとディフューザーをどちらも持ち歩く必要がなくなるわけです。そんな具合に、あとは小ロットで生産できる新しい素材を見つけてきたり、キャップのはまり加減を細かく調整したり、「魔法のかぼちゃ」のような形の少し頭でっかちなプロポーションを検討したり。せっかく季節ごとに新しい香りが生まれるので、「チャック」「引き出し」「鍵」といった、季節ごとに異なる「何か大切なものを封印するモチーフ」のアクセントをつけたりと、スルスルッと案がまとまり、最初の打ち合わせから数日後にはプレゼンテーション用の資料が出来上がっていました。どこまでちまちまとした話なんだ……とツッコまれそうですが、それこそが一番大切だったりするのです。

問い合わせ先／aromamora　www.aromamora.jp/

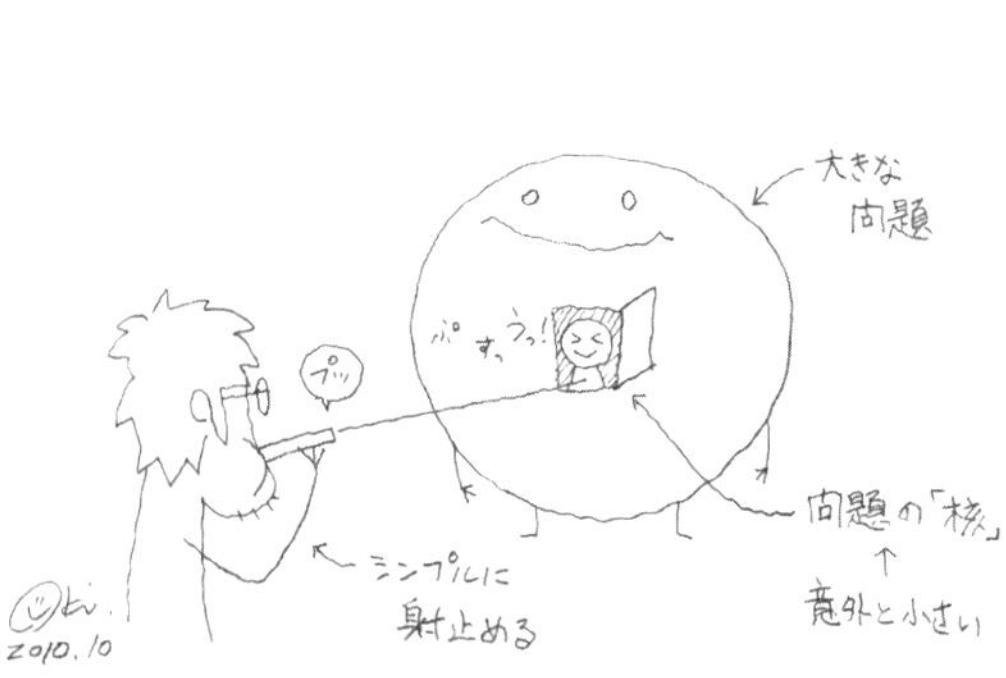

photo: HAYASHI Masayuki

aromamora

日本人のモノづくりは「引き算」が得意だということは以前から言われてますが、海外で仕事をするようになって、そのことを一層強く感じるようになりました。

特にフランス人。とにかく「足し算」の人たちです。そんなに必要か？　ってくらい、いろんな要素を次々と盛り込んでいくのですが最終的なアウトプットは上品で繊細な佇まいに仕上がっちゃうんですね、なぜか。料理に例えると、特にわかりやすいです。異なる食材を複合しつつ、複雑にソースを絡めて楽しむフランス料理。どう組み合わせるかがシェフの腕の見せどころだったりします。に対して、和食は刺身にせよ豆腐にせよ、単一素材をベースに丹念に手間をかけることで昇華させていきます。

作り手は「下ごしらえ」という地道なプロセスを重視し、食べる側もそこを評価するわけです。日本酒なんかも、水にこだわり、お米にこだわり、そしてそのお米をひたすら「削ぎ落として」味を「磨いていく」工程を見ていると、ワインなどとは全く別次元の戦いをしているなあ、と素直に感じます。

デザインにおける「引き算」的な方法論は、時にとても有効です。「花瓶が無いのに花だけが立っている」というような、要素がひとつ消えたにもかかわらず、それを感じさせせずに自然体で存在するようなおもしろさ。インテリア雑貨などのデザインなどでは常套手段ですが、大量生産される、よりシビアな工業製品の開発にも応用できます。

例えば、これまで不可欠だと思われていたパーツが、技術の進歩によって気づかないうちに形骸化し、それを客観的な視点をもったデザイナーが取り除くことで問題があっさり解決する、ということもありえます。「なんだ。これ、無くてよかったんだ」という既成概念のリセットもまたデザインの醍醐味のひとつなのです。この「引き算」という技を突き詰めていくと、物事は「凝縮」されていきます。日本の家電メーカーのお家芸って、少し前まで言われてたやつですね。

コンパクト化。そして軽量化。ソニーの『ウォークマン』しかり。ホンダの『スーパーカブ』しかり。日本語という伝達手段も常にこの「凝縮」が行なわれています。中国から渡ってきた複雑な漢字を楷書→行書→草書……ってどんどんミニマルにしていって、さらに進化させて、カタカナや平仮名というアルファベット的な組み合わせによって単語を作る、ジャパンオリジナルの表記法にしちゃうわけですから。しまいにはその単語まで「凝縮」して、「あけおめ」「ことよろ」という事態になってますから。

今年の9月下旬から2か月にわたってロンドンのサーチ・ギャラリーという場所でnendoの個展「thin black lines」が開催されているのですが、まさに「引き算」と、そこから派生する「凝縮」がテーマの展示です。このギャラリーは美術館といった趣で、現代アート界を代表するダミアン・ハーストをはじめとしたイギリスのアーティストを数多くサポートしてきた「由緒正しき」場所らしいのです。

さらに、本展が「アーティストではなく初のデザイナーによる個展」ということによる関係者からのプレッシャーが強く、準備期間が2か月しかないのに、椅子やテーブル、照明器具など思わず30点ほど新作の家具を一心不乱にデザインしました。時間が無いので、金属を加工してくれた落合製作所や塗装してくれたカドワキコーティング、その関連会社の皆様は完全にパニック状態です。「明日までに図面を送るので、明後日ください！」みたいな話ばかりで、本当にいい迷惑だったと思います……。

出来上がった家具は、家具と呼べるぎりぎりまで「引き算」されたもので、その機能や価値がギュッと1本の黒い輪郭線に「凝縮」されたものになりました。

透明素材は一切使っていないけど透明感があり、そこに面が無いのに、どことなく面が意識されるような表現です。前後の位置関係もよくわからないし、見る角度によって2次元に見えたり、不意に3次元的に見えたり……。自分でも捉えようのない不思議なモノになりました（笑）。普段はお酒をあまり飲まない自分ですが、久しぶりに日本酒でも飲みながらこのデザインを改めて見つめ直す時間を作ろうと思っています。

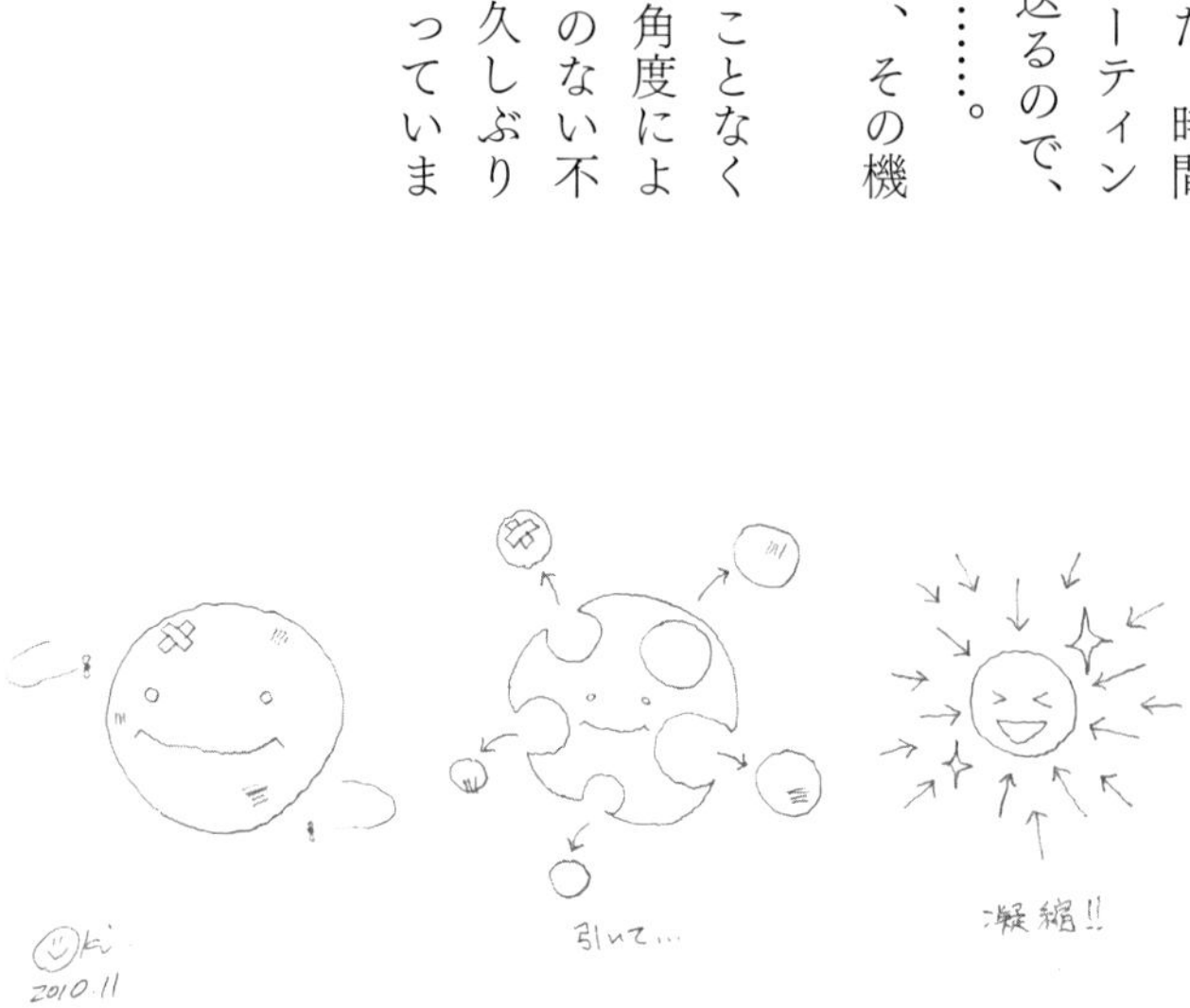

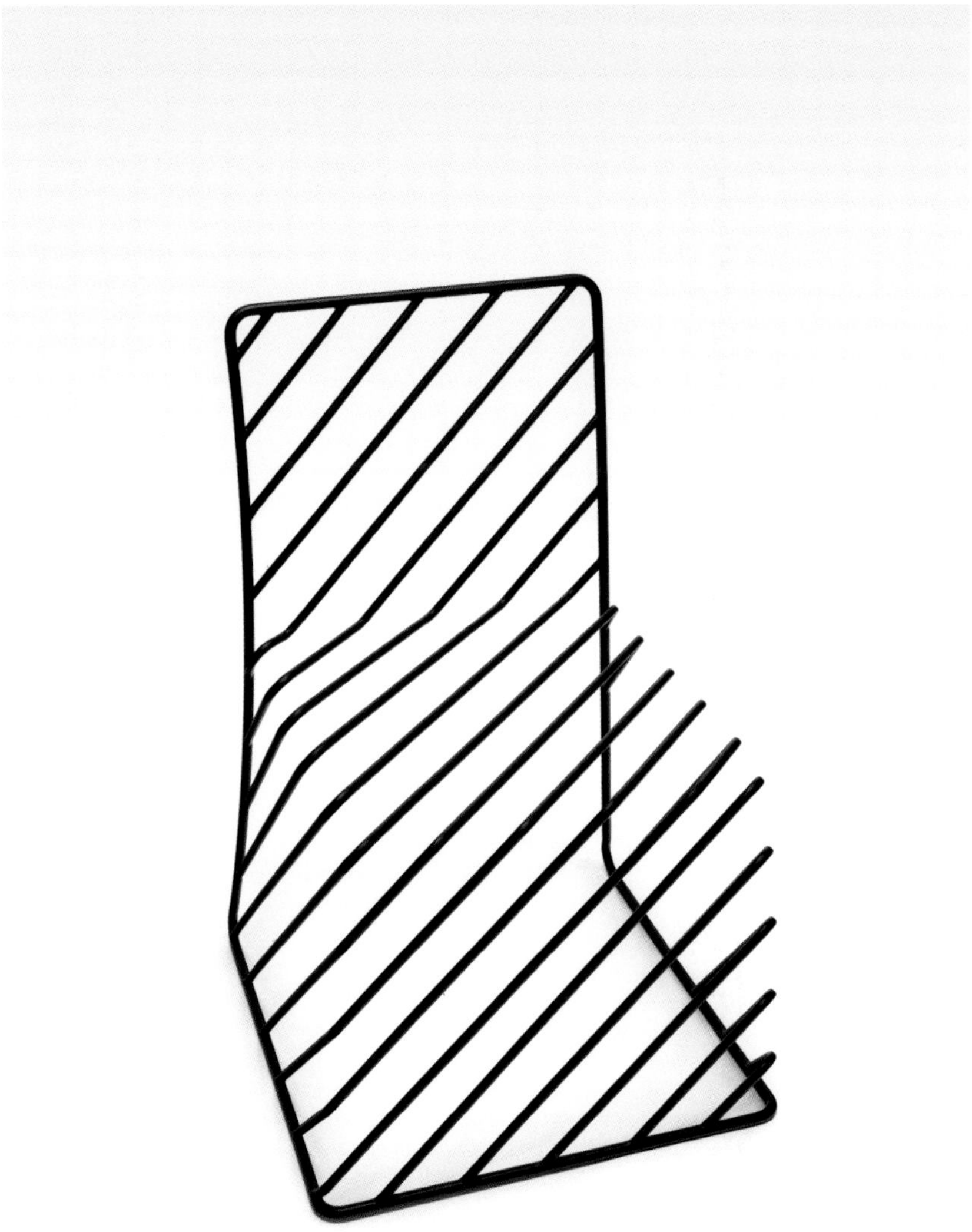

photo: HAYASHI Masayuki

thin black lines

「うまい、安い、早い」もひと段落し、「スローフード」なんて言葉もすっかり聞かなくなった昨今。でもやっぱり「速度」を意識することの重要性を感じる自分がいます。

この世に存在するすべてのモノに速度はかかわっていて、テーブルの上のカフェラテも少しずつ温度を失いながら、乳成分が分離し、酸化して、同時に蒸発しつつあるわけで。止まっているようで、ゆっくりとした速度で変化をし続けている、という当たり前の話です。でも、そんな地味なことを日々考え続けることはデザイナーにとって大切なのです。なぜなら複数の異なる時間軸の中からどう物事や出来事を切り取るか、ということがデザインの基本だからです。住宅をデザインする時は10年後、50年後の家族構成や社会構造の変化に伴う生活形態を見据えた設計をしないと話にならないし、プロダクトをデザインする時には経年変化が「味」となる素材と「ただの汚れ」となる素材の使い分けを考慮しないとゴミを量産しかねません。自分はこの「速度」を意識しながら生活することで、日常のリズムを整えるようにしています。大企業ならともかく、小さい事務所で働く自分にとってオンとオフのメリハリをどう出すか、はなかなか難しいことです。ほうっておくと365日24時間デザインのことが頭から離れないので……積極的に頭と体に「今日は休日でっせ」という信号を送る必要があります。その時に利用するのが「体感温度」ならぬ「体感速度」です。オフ日はできるだけゆっくりと動き、物事に必要以上に時間をかけることで、ギアを1段階落とすようにしています。いつもよりゆっくりと歩き、ゆっくりと食事をして、ゆっくりと本を読む。傍から見たらバカ丸出しですが、そうすることで1週間や1か月間といったスパンの中に一定のリズムが生まれ、「オン」の状態の集中力が高まり、よりスピード感を伴ったパフォーマンスが発揮できるようです。

クリエイティブな作業にスピードが必要なのか？　時間をかけたほうがいいアイデアが出るのでは？　と思われるかもしれません。実際、スピードを追求しているデザイン事務所は自分が知る限りほかにありません。でも、自分にとって「速度」を意識しないモノづくりは考えられません。

なぜならば「速度」を極限まで追求することで、「柔軟性」を保ちながら「質」を高めることができるからです。倍の速度でアイデアを形にできれば、クライアントに対して2倍の選択肢を提示でき、様々な可能性を広げることができます。納期を大幅に短縮することで、当初は難しいと考えられていた技術的なオプションが復活することもありえます。時間にゆとりがあるので、途中で不可抗力による方向転換を余儀なくされたとしても、素早く軌道修正ができます。

また、たくさんのアイデアを出すことで、「自分のアイデアへの愛着や執着」というクリエイターなら誰でも抱く感情が希薄になるので、変化に対して常に柔軟でいられます。スピードさえあれば、後からでもすぐにリカバリーができるので、失敗も怖くありません。だからリスクの高い、大胆なアプローチができるのです。成功体験だけでなく、失敗も多く経験することで、我々のような若い事務所はより早く成長することができるようになります。……そんな具合に「速度」が「質」へと収束していくのです。

　ちなみに、今年の秋に開催されたデザインタイドというイベントのために、伊勢丹百貨店から「ピギーバンク（ブタの貯金箱）をデザインしてほしい」という依頼がありました。その翌日の午後にプレゼンテーションをしたのですが、これは過去最速のプロジェクトかもしれません。「ピギーバンク」という名前は、中世ヨーロッパで「pygg（ピグ）」と呼ばれる粘土で作られた素焼きの瓶やポットに小銭を貯めていたことに由来するらしく、とある誤解から「pig」に転じた、ということらしいのですが、このお話があまりにもおもしろかったので、シンプルな素焼きの瓶とポットを作り、お金を入れる穴を「ブタの鼻の穴」にしちゃいました。じっと眺めてみると、不思議とブタに見えてくるはずです。その速度に個人差はあると思いますが……。

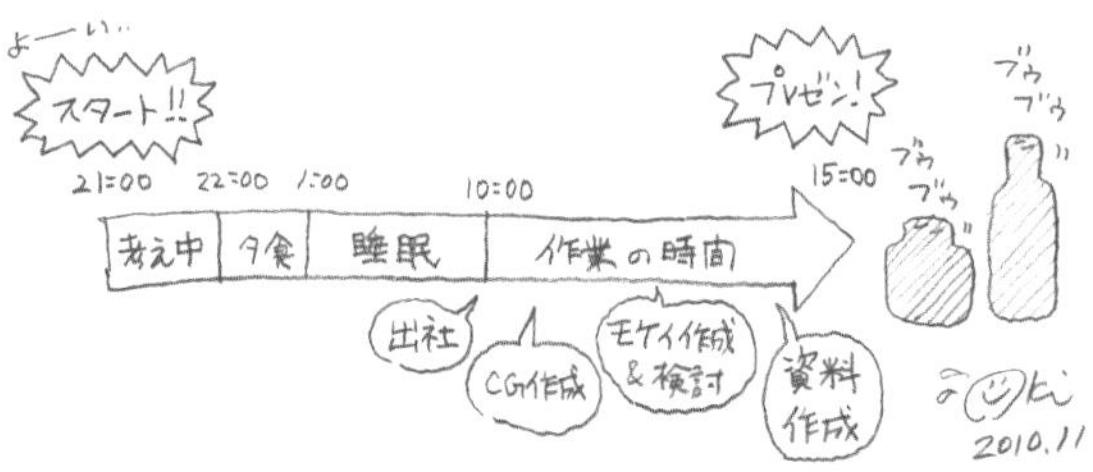

photo: HAYASHI Masayuki

piggy-bank

special contents 1

ネンドノレキシ

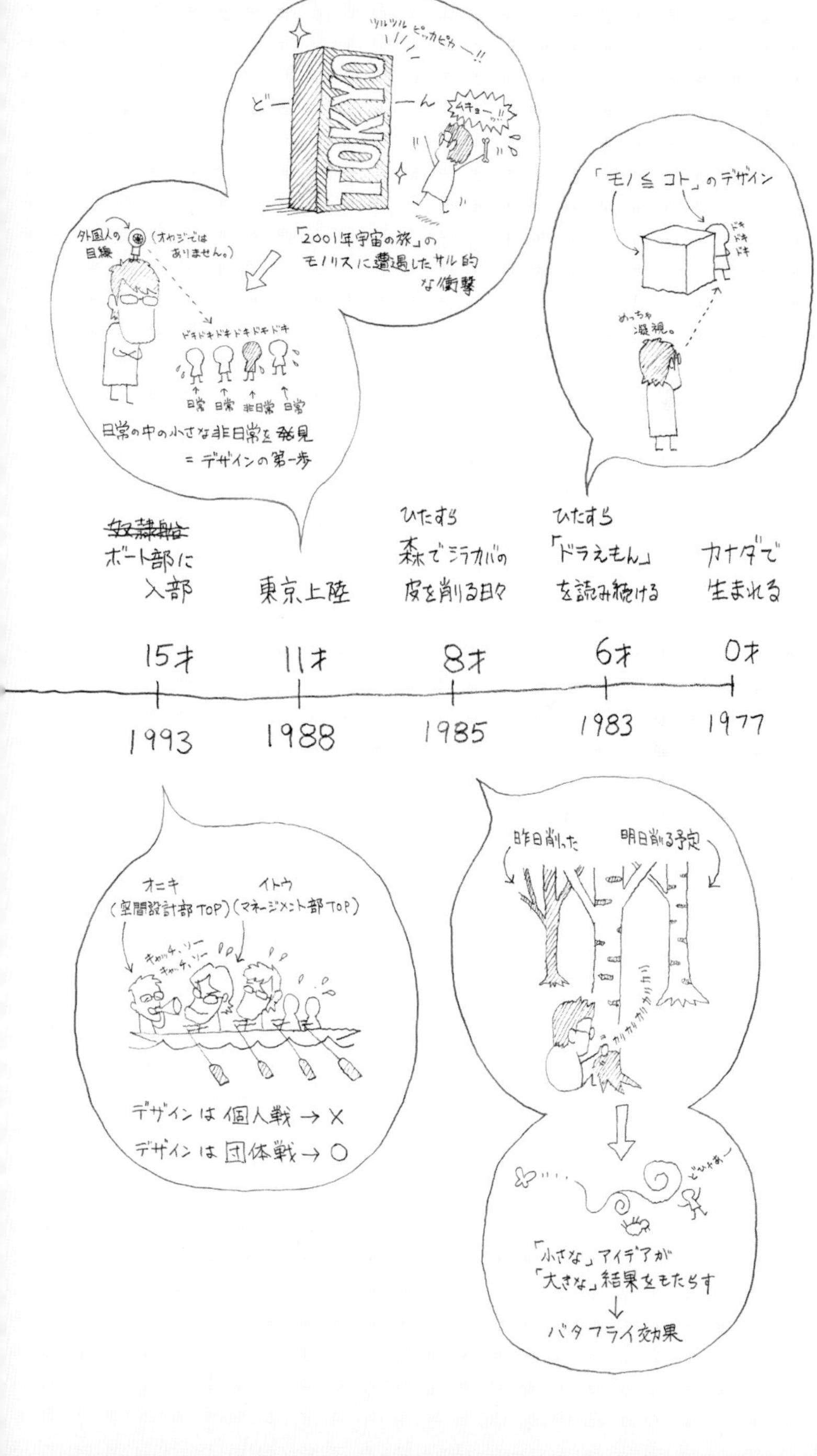

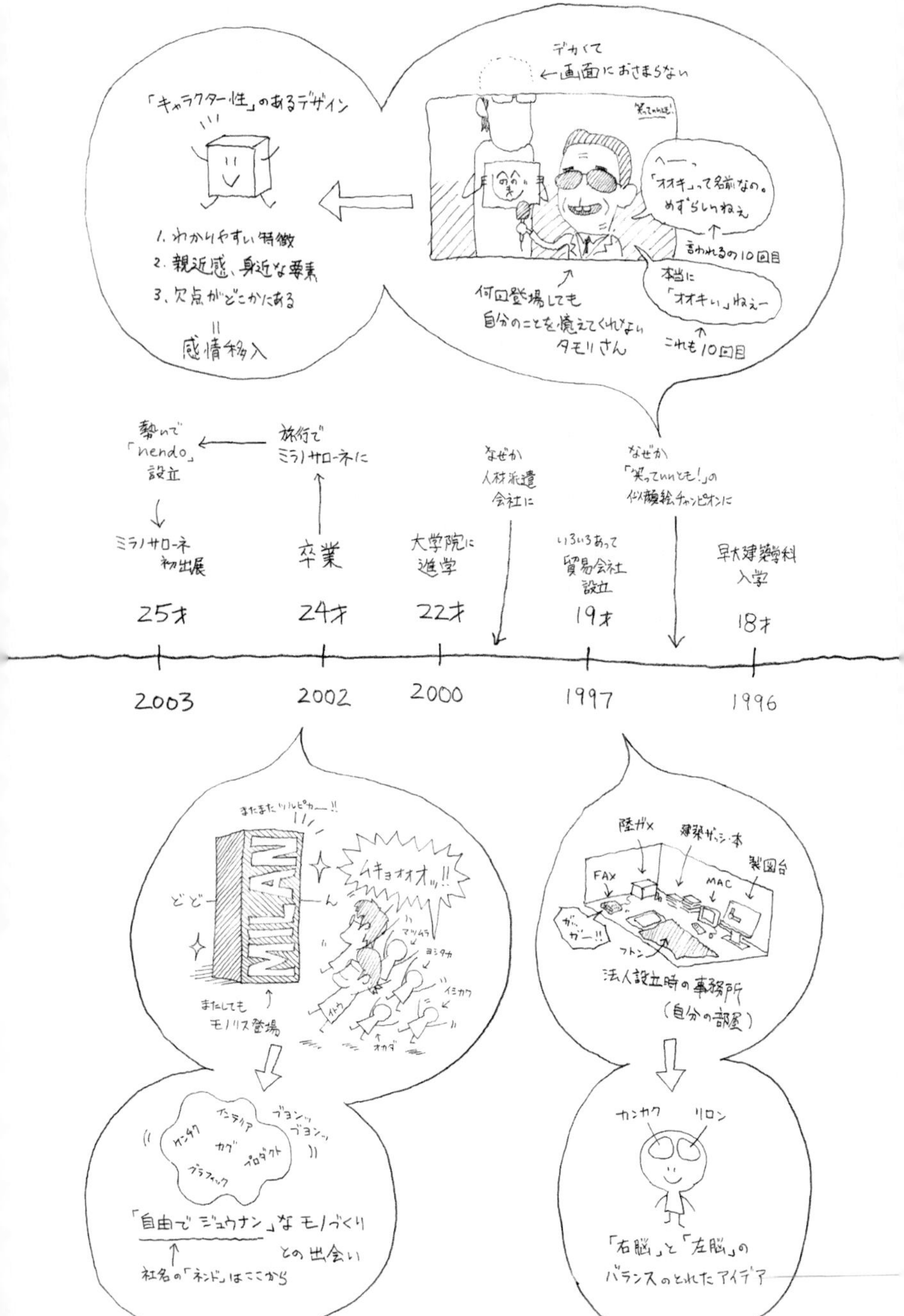

「キャラクター性」のあるデザイン
1. わかりやすい特徴
2. 親近感、身近な要素
3. 欠点がどこかにある
感情移入
デカくて
←画面におさまらない
笑っていいとも!
へー、「オオキ」って名前なの。めずらしいねぇ
↑言われるの10回目
本当に「オオキい」ねぇー
↑これも10回目
何回登場しても自分のことを憶えてくれないタモリさん
勢いで「nendo」設立
旅行でミラノサローネに
なぜか人材派遣会社に
なぜか「笑っていいとも!」の似顔絵チャンピオンに
ミラノサローネ初出展
卒業
大学院に進学
いろいろあって貿易会社設立
早大建築学科入学
25才
24才
22才
19才
18才
2003
2002
2000
1997
1996
またまたツルピカー!!
どどーん
MILAN
イキョオオオッ!!
マツムラ
ヨシタカ
イシカワ
イトウ
オカダ
またしてもモノリス登場
ケンチク
インテリア
カグ
プロダクト
グラフィック
ブヨンッ ブヨンッ
「自由でジュウナン」なモノづくりとの出会い
↑社名の「ネンド」はここから
陸ガメ
建築ザッシ・本
製図台
FAX
MAC
ガ、ガー!!
フトン
法人設立時の事務所（自分の部屋）
カンカク
リロン
「右脳」と「左脳」のバランスのとれたアイデア

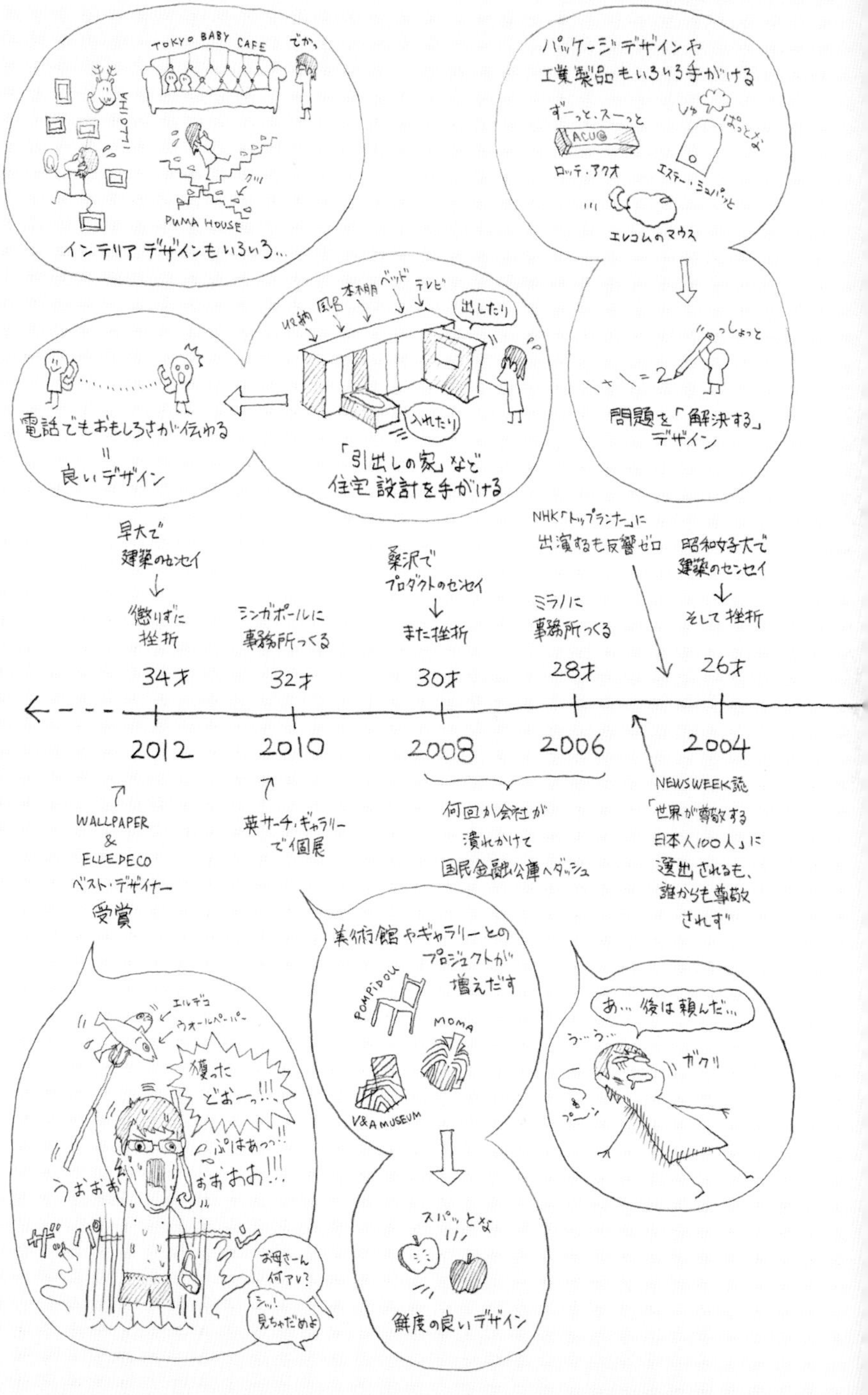

パッケージデザインや
工業製品もいろいろ手がける
ずーっと、スーっと
ACUO
ロッテ・アクオ
しゅ
ぱっとな
エステー・シュパッと
エレコムのマウス
っしょっと
問題を「解決する」デザイン
TOKYO BABY CAFE
でかっ
PUMA HOUSE
インテリアデザインもいろいろ…
収納
風呂
本棚
ベッド
テレビ
出したり
入れたり
「引出しの家」など
住宅設計を手がける
電話でもおもしろさが伝わる
=
良いデザイン
NHK「トップランナー」に
出演するも反響ゼロ
昭和女子大で
建築のセンセイ
そして挫折
26才
2004
NEWSWEEK誌
「世界が尊敬する
日本人100人」に
選出されるも、
誰からも尊敬
されず
ミラノに
事務所つくる
28才
2006
桑沢で
プロダクトのセンセイ
また挫折
30才
2008
何回か会社が
潰れかけて
国民金融公庫へダッシュ
シンガポールに
事務所つくる
32才
2010
英サーチ・ギャラリー
で個展
早大で
建築のセンセイ
懲りずに
挫折
34才
2012
WALLPAPER
&
ELLEDECO
ベスト・デザイナー
受賞
あ… 後は頼んだ…
う…う…
ガクリ
美術館やギャラリーとの
プロジェクトが
増えだす
POMPIDOU
MOMA
V&A MUSEUM
スパッとな
鮮度の良いデザイン
エルデコ
ウォールペーパー
獲ったどぉーっ!!!
ぷはあっ!!
おおおお!!!
うおおお
ザッパ
お母さーん
何アレ?
シッ!
見ちゃだめよ

デザイナーには、絵の才能も、専門的な知識も必要ないと思ってます。何よりも大切なのは「目」ではないかと。

プロダクトでも空間でも、イメージが具現化されていく過程において、瞬時の判断が何度となく求められます。その場で判断しないと成立しないケースも多々あり、「明らかにコイツ悩んでるぞ」って空気を出すわけにもいきません。もし自分が患者で、手術前の外科医が頭抱えてたらすごく嫌ですよね。目の前に立ち現れた壁を乗り越えるのか、回り込むのか、叩き壊すのか、同時にすべて実行するのかすぐに決定しないといけません。

こんな時に頼れるのは、自分の「目」だけなんです。これは洞察力と経験と勘とその他もろもろの要素によって構築され、日々更新され続けるものです。この部分だけは、絶対的な自信がなければ、たぶんデザイナーとしてメシは食っていけません。これは簡単に人から教わることができないものですが、あえて言うなら「2つのモノサシ」をまず形成するところから始まって、次第に物事を「一人十色」に見ることができるようになる必要があります。学生の頃、「自分のモノサシを作れ」と教わった記憶がありますが、持論としてはモノサシが2つないと意味がないと思っています。2

つというのは、「好きなデザイン」と「正しいデザイン」。「正しい」というのは、そのデザインが機能しているかどうかで、デザイナーがクライアントの期待に応えられているかどうか、という見方をしてもいいかもしれません。「このデザインいいよね」「んー、俺はあんまり好きじゃないなぁ」みたいな会話をよく聞きますが、これって議論がすり替えられちゃってるんですよね。

2つを明確に切り離して、「好きじゃないけど、いいデザインだと思う」とか「好きだけど、デザインとして適切ではない」といった評価ができるようになると、物事の見え方にまたひとつ幅が生まれるように思います。そして、自分はデザイナーとして常々、自分自身が最も好きでさらに与えられた状況や課題に最も適したデザイン、つまり「最大公約数のデザイン」を生み出し続けられれば幸いだな、と思っています。この「2つのモノサシ」がさらにエスカレートしていくと、1つの対象物に対して10通りくらいの見方ができるようになってきます。「一人十色」です。

人間ドックのように、人体をいろいろな切り口で診断するのに近い感じでしょうか。ここまでくると、あとは切り取った構成要素の時系列や関係性を組み替えていくことで新しいアイデアが次々と出てきます。鉛筆が1本あるとしたら、素材や質感、色、温度、香り、などの基本的なスペックから、鉛筆にまつわる行為や状態をざーっと洗い出して、さらには、鉛の芯、周囲の木……と各パーツに分解しながらそれらの関係性を整理します。木は芯が折れるのを保護するためなのか、それとも指の汚れを防ぐためなのか？　本当に削りたいのは芯なのか？　木なのか？　それらの関係を切り離したり、入れ替えたりすることで新しい鉛筆のデザインが見えてくるのです。

1年ほど前に「金沢工芸トリエンナーレ」のプレイベントの会場構成を金沢21世紀美術館で手掛けさせていただいた時も、このような進め方でした。新しいカタチを生み出すのではなく、すでに存在するものを当てはめるだけで解決するデザインです。とにかく予算が無い。施工期間も1日くらいしかない。でも作品の点数は62点もあるし、それぞれをガラスケースに入れ、個別に照明を当てたい、という。少々困りつつも、すべての条件を整理していく中で「観葉植物用の温室」を展示ケースとして転用することを気づいたのです。これなら素人でもドライバー1本で簡単に組み立てられるし、すでに棚も、電源コンセントも、ガラスもセットされています。会期後もゴミを出さずに保管しておけます。さらに大量生産された工業製品の無機質さによって、人の手によって生まれた工芸作品の活き活きとした表情が際立つ、というデザイン的な効果もありました。何気ない日常に新しい切り口を見出す「目」を持つことは夜空を望遠鏡で覗いたり、顕微鏡でミクロを体感するのにも似た感動があります。これはデザイナーに限らず、日常生活を楽しむためのひとつのヒントかもしれません。ただし、周囲に気持ち悪がられない程度に観察することをオススメします……。

ほほうっ
そうきましたか……いやー、
なかなか
やりますなあ。
あ。なるほどねえ……
それはそれで 全然アリ
じゃないですか。ええ
はいはいはい…
2010.12

photo: ANO Daici

International KOGEI Triennale

犬を飼っています。2年ほど前に妻がペットショップのホームページで発見し、わざわざ名古屋まで買いに行った犬です。それまでペットになど興味を示さなかった妻が突然反応した理由を聞くと、その犬が「困っている様子だったから」ということらしいのですが、いざ現物を確認するとチワワとパグの雑種でして。つまり、ただの「困り顔」なわけで。別に本当に困っているわけではないのですが、自分も細かいことは気にならない性格なもので、そのままかわいがっています。

毛色がベージュ色で、自分がスイーツ好きなところから短絡的に「きなこ」と名づけたのはいいのですが、事務所に連れて行くと海外から来ているインターン生たちから「ヘイ、キノーコ！　カモンッ、キノーコ！」と呼ばれています。やはり、細かいことは気にならないもので、そのままにしています。

ペットショップ店員から聞いていた「最終的に2〜3kgくらいの大きさになる」との事前情報も空しく、購入後1か月足らずでぶくぶく太って4.5kgオーバーです。獣医さんに見せてもらった体重グラフは日本経済と反比例するように気持ちのいい右肩上がりでした。

で、妻との緊急対策会議が開かれるわけですが、お互いに「エサの量を2割くらい減らしている」という主張。ん？　お互い？　ってなわけで、どうやら「お互いに」同時に与え続けていたため合計60％増しじゃないか、と。

きなこもきなこで、いつでもなんでも食うわけです。妻のアトリエの床に落ちている色とりどりのビーズやスパンコールなども食べてしまうので、その大便はいつも女子の携帯電話のようにデコってたり、ラメってたりしてます。

ある時は、使い捨てカイロを完食しまして。さすがにマズイだろ、ということですぐに獣医に診てもらった結果、大事には至らなかったのですが。その時見せてもらったレントゲン写真には、喉から肛門までびっしりと詰まっている砂鉄が真っ白に写っているのです。それを見た妻が一言「アートだね」と。おいおい。確かに自分も内心「デカい磁石を近づけたらどうなるのかな」と思いながら先生の話を聞いていたけど……。

そんなこともありつつ、ダイエット目的で外に連れていくのですが、そこにはペットオーナー独特のコミュニティーがあるわけです。なかなか初めは勝手がわからないもので。犬のことを「犬」なんて野蛮な呼び方をしたら白い目で見られます。ここでは「ワンちゃん」の徹底が基本です。いつの間に犬の性別は「オス／メス」ではなく「男の子／女の子」になったのか、と思っていたら、自分の犬が「雑種」ではなく「ハーフ」とか「ミックス」と呼ばれていたわけで。今では、自分は「『ミックス』の『女の子』の『ワンちゃん』」を飼っていることになってます。

でも、実は、この曖昧な感じはデザインをするうえで重要なスタンスでもあったりするのです。逆に、物事を決めつけることの恐ろしさ、とでも呼ぶべきでしょうか。「もの」に明確な名前をつけた瞬間に、その「もの」は限定されてしまうのです。できるだけ柔らかい状態に保持することで、新たな「もの」に変化していく可能性や広がりが生まれるのです。

　自分が身の回りにあまり「もの」を置きたくない、というのもこれと多少関係があると思います。名前のついた「もの」に囲まれると、それは輪郭となり、つまり、自分自身をも決定づけてしまう気持ちになるのかもしれません。常にリセットされて、頭がフレッシュな状態であり続けるためには、そうしたほうがいいのかもしれません。

　自宅の改装を行なった際も、「もの」をほとんど置かず、すっきりとさせました。そして、壁は「壁紙のような」「植物のような」曖昧なもので仕上げたいと思いました。すでに貼られていた古い壁紙の上からドライモスという、コケのドライフラワーのようなもので唐草模様を描くように貼ることにしました。そうすることで「自然物のような」「人工物のような」存在であり、「新しいような」「古いような」印象になるのではないかと。

　そんな、どこまでも曖昧で、居心地の良いデザイン。すっかり高級食材のような容姿の「犬のようなもの」となったきなこもこのインテリアは気に入っているらしく、人の目を盗んでは壁のコケを食べているようです。

「明日のプレゼン資料が……ノ図」

photo: ANO Daici

コケの家

また出張中です。今回はドイツのハノーファーから入ってミラノ、フィレンツェ、ベネチア、パリ、ロンドン、バレンシアと12日間で6都市。打ち合わせは18件くらいです。それに加えて「iF賞」という、日本でいうところのグッドデザイン賞の「世界版」みたいなやつの審査員に駆り出されてます。

主催国がドイツだけあって内容はストイックです。3000点近く応募されている工業製品を20人くらいで3日間かけて一点一点審査していきます。昔から学校などの団体行動がもっぱら苦手な自分にとっては苦痛以外の何物でもありません。

一言で工業製品と言っても、食器や携帯電話みたいなものからクレーン車のようなものまであります。さらには工業用ロボットアームや、何に使うのかわからない医療用機器までゾロゾロ登場するわけです。『千と千尋の神隠し』の妖怪の行進みたいな状態です。2日目の後半あたりになると、ブチキレる審査員もいるわけで。話を聞いていると、どうやら終日、冷蔵庫だけを審査させられたとか。いやいや、俺も朝から洗濯機しか見てないからお前の気持ちは痛いほどわかるよ、となぐさめる別の審査員。涙無しには語れない美談とはこのことでしょうか。

1日の審査が終わると審査員全員でディナーです。フィンランド人とスウェーデン人デザイナーと一緒の「北欧テーブル」になってしまいまして。近年のスキーブーツのデザイン事情でおおいに盛り上がっているわけですよ。カービングブーツだ、いやでもやっぱりソフトブーツのほうがどうの、と。わけのわからんことを、口の両端に白い泡みたいなのが溜まるくらい熱く語り合ってるわけです。これ、想像以上にツライですよ。笑うタイミングとか全然わかんないし。うかつに話振られても困るし。

　ドイツの食事は積極的に食べたいようなものでもなく、ジャガイモだかショートパスタだかわからんような物体が山盛りで出されるのです。隣のテーブルを見ると、さっき「私、ベジタリアンなんで」と言っていた太った女性がそれにガッついているではありませんか。別にいいんだけど、それってどうなのかな、ということのオンパレードなわけです、一貫して。

　話をデザイン賞に戻しますと。日本でもたまに審査をさせていただく機会がありますが、毎回感じることとして、受賞したからデザイン的に優れている、そうじゃないから優れていない、ということは決してありません。ターゲットも価格帯も異なる製品を並べて、こっちのほうがパーティングライン（樹脂の継ぎ目）がキレイだ、クロムメッキ仕上げはチープだ、と語っていることへの素朴なギモンとでも言うのでしょうか。予算が無ければ安い仕上げでがんばるしかないわけだし、そういったマニアックなディテールを見て購入するユーザーばかりじゃないわけだし。

　仕方の無いことですが、「デザイナーが評価するデザイン」なので、「同業者ウケ」

するものが有利に働く偏りが生まれるのです。そんな中、いかなる時も『iPhone』や『iPod』系が上位に食い込んできます。超常連組です。審査員も安心して票を入れる、いわば「安パイ」なんでしょう。デザインどうこうじゃなくて、そんな空気を作っているアップルってスゴイと毎回思うわけです。結局のところ、「いいデザイン」というより「これに1票入れているオイラってちょっとデキる風に見えるんとちゃう？なデザイン」が受賞するのです。だから応募者はその結果に一喜一憂しなくていいんです……。

自分のデザインの中でも、やたらと賞をとるものと、全く相手にされないものがあります。賞がとれないものはクライアントに申し訳ない気持ちにはなりますが……。

数年前にイタリアのカッペリーニという家具メーカーから発売された『ribbon』というスツールがあります。これは冒頭のiF賞をはじめ、いろいろな賞をいただきました。メーカーが応募していたので、半ば他人事のような感じですが。どこか同業者ウケするポイントがあったのでしょうか。

デザインのコンセプトは単純で、通常は座面に4本の脚がついているスツールを、3本のリボン状の曲線によって自立させている、というものです。きっと「このスツールを部屋に置いているオイラってちょっとデキる風に見えるんとちゃう？」こと間違いナシです。そんなわけないですね。

問い合わせ先／CAPPELLINI　www.cappellini.it/

photo: HAYASHI Masayuki

ribbon

「将来デザイナーとして独立したいのですが、何かアドバイスを」と、聞かれることがあります。そういわれても、ひとり独立してやってる、という感覚がないもので、なかなか答えに困るわけです。確かに、完全にひとりで仕事をしていた時期もありました。学生時代に通訳のバイトをしていたのですが、商談が物別れになってしまい、「じゃあ、キミがこのプロジェクトを引き継いでくれないか」と商談相手に言われて始めたのがキッカケでして。業務内容は、余剰在庫になっている型落ちの日用雑貨を中国の百貨店に卸す、という地味なものでした。毎月何本かコンテナを商材で埋めて発送しなくてはいけないので、いろいろと新しい商品を先方に提案するわけです。ツメ切りをプレゼンしたら「ハサミよりも簡単にツメが切れる」と大好評なわけです。そりゃ、そうだ。と思いつつ今度は魔法瓶を提案したら「軽いし、落としても割れないし、中身が冷めない」と。しまいには新潟の中華包丁を提案したところ「よく切れる！」と大喜び。今思うと、せっせと中国に中華包丁を売りさばいている19歳ってどうなんでしょうか。

その後、その中国の百貨店が国営であったことから、個人の口座に送金はできないと言われ、無理やりにでも法人化しなくてはならず、結果的に学校に通いながら起業をしたことになりました。独立と言っても6畳間の自分の部屋の片隅にファクスを1台置いて「本社」とし、授業の合間に発注書を作成したりと。まあ、仕事とは呼べないようなヒドイものでした……。

そして気づいたことは、細かい業務もすべてひとりでこなさないといけない苦労でした。「独立したからといって、自由なわけじゃない」と。さらに、これじゃ「独立」というより、ただの「孤立」ではないか、と。結果的に自分と兄弟の学費くらいは捻出できたので、それはそれで良かったのかなあ、と今でこそ思いますが。それ以来、気心知れた人たちと一緒に仕事がしたい、と思うようになりました。そして、卒業と同時に今のデザイン事務所を友人や後輩とともにスタートしたわけです。

今でも一緒に働いている建築設計担当のオニキやマネージメント担当のイトウはふたりとも高校の部活動から一緒で、オニキに至っては大学の学科も大学院の研究室も一緒なわけで。「気心知れた」というレベルを通り越して、老夫婦のような感じです。

ほかのスタッフも風変わりなのが多く、とあるスタッフが電話口で「ええ。カワイです。カワイのカワは、えー、三途の川です」と。おいおい。それを言うなら「サンズイの『河』」だろ、と。

そんなことはさておき、自分にとって一番大切なのは常に快適な環境や状況のもとで働くことなのです。作り手が楽しみながらデザインをしなければ、そのデザイン自体も楽しくならないのです。

だから、自分の「状況」は常に気にします。モノをデザインする時も、そのモノの「状況」から考えるようにします。「コップをデザインしろ」と言われたら、まず、そのコップの中にはどんな飲み物が入っているのか。それはどのくらいの量が入っているのか。テーブルの真ん中に置かれているのか。あるいは、端っこギリギリに置かれているのか。それによって、人の心理に与える影響はとても大きいのです。そして、その心理状態に最もフィットする素材や色や形をできるだけ素直にセレクトしていく、ということなのです。

カレーチェーンのCoCo壱番屋のために「限定カレースプーン」をデザインしたのですが、これもまた「状況」から着想したものです。

スプーンは当然、食事をするための道具です。そして、当然ながら単体で使うものです。そこをあえて「使われていない時の状況」、そして「集まった時の状況」をデザインしよう、と。その結果、食器棚で待機しているスプーンが1本の木のように見えるデザインになったのです。いざ作ろうとしてみると、枝まわりの研磨が相当難しいことがわかりまして。新潟の職人さんに頼みこんで、なんとか実現してもらったわけです。

何本か集まると小さな林や森のような風景が生まれます。ひとつでもいいんだけど、なんとなくもっと集めたくなるその感じは、スプーンを「孤立」させないためのデザインなのでした。

問い合わせ先／カレーハウス CoCo 壱番屋 www.ichibanya.co.jp/ 2011年初頭にキャンペーン展開。

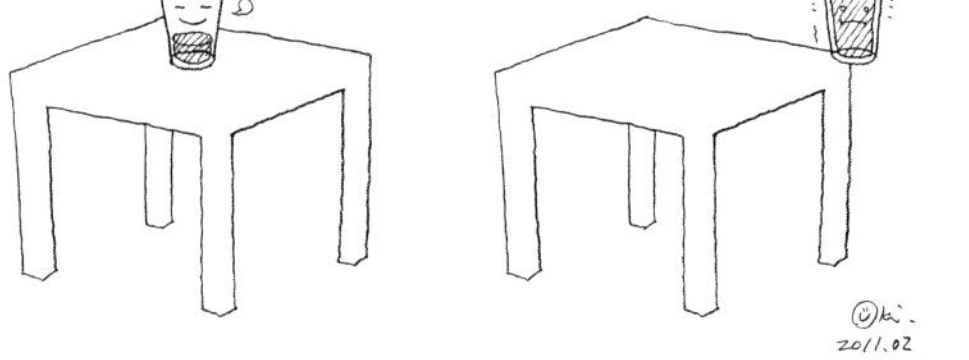

photo: HAYASHI Masayuki

forest-spoon

お酒はあまり飲みません。そしてタバコは全く吸いません。その代わりというわけではないのですが、コーヒーばかり飲んでいます。1日4〜5杯は飲んでいるでしょうか。打ち合わせが多い日はさらに増えます。近所のスタバとタリーズをどちらも週5ペースで通って、店員さんとダラダラしゃべってます。ちょっとした「身寄りのないヒマなジイさん」状態です。アルバイトのシフトを把握し、販売しているコーヒー豆の袋の向きを気づいたら揃えてたりします。自動ドアの調子が悪いとなぜか直したくなります。勝手にエリアマネージャー気分です。夜はマックとかセブンのコーヒーを飲んでます。ええ、ただの中毒症状です。

お酒には肴があるように、コーヒーにはスイーツが不可欠です。実家のある目白の『エーグルドゥース』のシャンティーキャラメルにガトーバスク。近所の広尾は『船橋屋』のくず餅。青山に立ち寄ると『まめ』のいちご大福をダース買いします。お取り寄せスイーツはもっぱら『ハウス オブ フレーバーズ』のグレープフルーツゼリーかチーズケーキ。『紫野和久傳』のれんこん菓子西湖もあなどれません。〃野菜系スイーツ〃なら『ルルソンキボア』の京野菜あいすでしょうか。海外でも、例えばパリに行けば、鎧塚氏も修業した老舗ケーキ屋『Stohrer』に直行しエクレアを食べます。

とかいってたら毎日膨大な量の糖分を摂取し続けていることに気づきまして。ある時を境に「スイーツは1日3個まで」という社内ルールが設けられました。とはいえ、コンスタントに毎日食べていると、同じ商品でも季節や作り手による微妙な味の変化がわかるようになってきます。そして、初めて見るケーキでも、カットされた断面をじっと見ているとなんとなく味がイメージできるようになり、次第にホールケーキの状態からでもその断面が想像できるようになります。きっとガナッシュがこのあたりに入ってる、とか。フランボワーズの裏をかいて、ピスタチオのクリームを下から2層目に挟んできて、一番下の層は食感を重視した組み立てなんじゃないの？　とか。そんな無駄なことを楽しめるようになります。

一度、ある講演会の質疑応答の時間に「佐藤さんの好きな食べ物は？」という唐突な質問を受けまして。来場者のほとんどが御年配の方だということを忘れて、思わず「毎日スイーツを食べてます。死ぬ時は糖尿病で逝きたいです」と発言してドン引きされたこともあります。

そのうち、哀しいことに本業のデザイン関連の取材よりもスイーツ関連のもののほうが増えてきまして。「おすすめスイーツ」のアンケート取材からはじまり、「アノ人が訪れる人気スイーツ店」みたいな記事になって、それが1泊2日かけて食べ歩く地方ロケ取材になり、「今年のベストスイーツランキング100」的な企画で100個以上スイーツを食べて順位をつけるようになり、しまいには人気パティシエや料理研究家と対談をすることになり、料理専門誌から「今回は芝田山親方と対談お願いします」と。とうとう「スイーツ親方」を引っ張り出しちゃったのか、と。文字通り「横綱級」じゃないか、と。あとは的場浩司しか残っていないわけですよ。この段階になってさすがに「あれ？　自分の職業ってなんだっけ？」と気づくわけです。

そんなわけで、今はひっそりとスイーツを食べています。ちなみに、スイーツとデザインが結びついたことがたった一度だけありました。自由が丘の『モンサンクレール』などで知られる著名パティシエの辻口博啓さんとのコラボ企画でした。まずは自分が色鉛筆のトレーの形をしたお皿をデザインし、それに合わせてオリジナルのチョコレートケーキを作っていただきました。そして、カカオの濃度が異なる「チョコレート製の鉛筆」数本と「鉛筆削り」が添えられ、食べる人が自分の好みに合わせてケーキの上にチョコレートを削って楽しめるようにしました。本来は捨てるものでしかない鉛筆の削りカスを一転して主役にしちゃうデザインです。

そして、作り手からの一方通行ではなく、食べる人も参加できるのです。自分で手掛けたデザインにもかかわらず、思わず感激してしまいました。って、感激したのはデザインじゃなくて辻口さんのケーキの味でした。

そんなことを思いながら、またコーヒーで一服するのでした。

photo: H-style

chocolate-pencils

ナシゴレンの夜は更けて

なぜか昨年末あたりから韓国の化粧品会社のブランディングや、インドの家電メーカーのための工業デザイン、香港や中国の店舗デザイン、台湾政府が主導のデザインプロジェクトへの参加、そして韓国のギャラリーでの個展、と立て続けに仕事が発生しています。ここにきて、うっかりアジアづいています。若干キャパ超えしそうだけどヨーロッパよりは距離が近いからいいか、程度に思ってたら、逆にその手軽さ故にほとんど毎週のようにどこかの国に呼び出されて、疲労とマイルばかりが無駄に蓄積される日々です。

1月はシンガポールに行ってきました。「Art Stage Singapore」という今年から始まったアートフェアで、アジアを中心とした世界中のギャラリーが出展しているのですが、その会場内の一角で個展をやらせていただきました。羽田空港を深夜に発ち、翌朝6時に着くという無駄に利便性の高いフライトで、到着後は翌日まで設営作業をし、インタビュー取材数件とパーティーに顔を出してまた深夜便で帰国する、というスケジュールです。

今回展示したのはテーブルやスツールなどの家具コレクションです。その中の「目玉」が「棚の一部がぽろっと落ちるように傾いていることで多様な本の置き方ができる」というコンセプトの本棚なのですが、現地で荷を解いてみたら見事に壊れているんです。ベッコベコに。驚いたことに、その本棚の唯一の特徴である「傾いた頭」がすっかりもとに戻ってるんです。これじゃ普通の本棚じゃないか、と。とりあえず本棚にまたがって力任せにキャメルクラッチ。周囲の関係者も何事かと集まってきます。ある意味アートです。

これが思いのほかうまいことといって、傾きは戻ったのですが、溶接が必要になり、町外れの鉄工所に持っていくことに。鉄工所といっても、鉄くずの山の上に屋根がかかっているだけの場所で、野良犬はうろついてるし、オッサンたちが手袋や防御マスクはおろか、上半身ハダカでバチバチと溶接してるわけです。で、そこにスーツ姿の日本人が白い棚を抱えて現れたものだから、やんややんやと、油で真っ黒に染まったオッサンたちが、物珍しそうに集まってきて大盛り上がりなわけです。なんでもいいけど、その手で棚は触るなよと。あ。今、関係ないところも触っただろ、とか思ってるうちに棚は油まみれに。そして、そこらに落ちているさらに汚い雑巾で拭こうとするオッサンを体を張って制止。

その後は削るわ、溶接するわで、散々に飛び散る火花を眺めつつ「展覧会って明日ですよね……?」と涙目で独り言です。

あとは会場に移動して、オッサンがつけた油の掃除と塗装を徹夜で塗り直すことになるのですが、会場に行くと、依頼していたはずの壁が建っていないことに気づくのです。どうりでスッキリしているわけだ。で、壁を建てるように頼んだら、イベント関係者から「ホコリが舞うからダメ」と謎のNGが通達され、慌てて作品レイアウトの変更です。どうしても仕切りたい場所は近所で布を買ってきて、なんとかやりくりです。そういえば、スポット照明はそろそろ届かないんですか？　と確認したところ「もう到着しているよ。ホラ」と指差した先には裸電球が……。そうそうっ。これこれ。縁日の屋台みたいでいいじゃない……って全然違うでしょ。

　これまた近所の電器屋さんにダッシュです。オープンギリギリまで作業をしていたら、「人が集まってきたから」という理由で2時間繰り上げてスタート。駅伝か。

　しかも、前にも書きましたが、自分はわずかな刺激でも腹を下す「ガラスの胃腸」の持ち主です。「地球環境の前に腸内環境に優しく」をモットーに日々生活を送っていたはずなのに、空腹に耐えかねて、うっかり深夜2時にナシゴレンをドカ食いしちゃったため、お尻が「マーライオン状態」なわけです。来場者がガヤガヤと入ってきているのに、まだセッティングができていない。そんなことよりもトイレに行きたい。その時ふと……「決してアジアを甘く見てはいけない」という、日本サッカー協会の関係者みたいな言葉が頭に浮かぶわけです。

　どうやら、欧米とも国内とも勝手が違うこの地においては、ひたすら劣勢な「負け戦」を覚悟しつつ、いつでも「退却しながら善戦できる」ことがデザイナーには不可欠な能力のようです……。

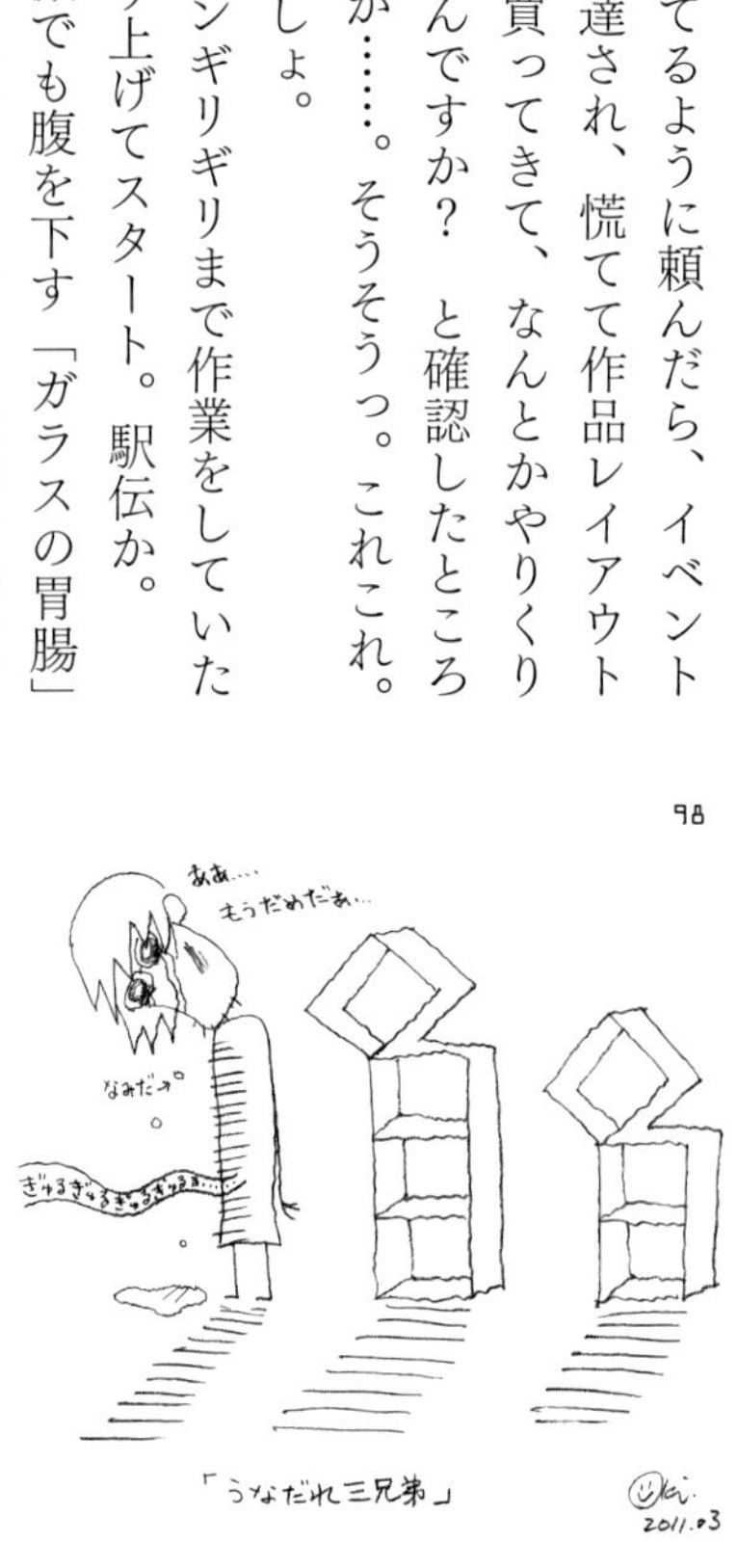

「うなだれ三兄弟」

photo: HAYASHI Masayuki

dancing squares

過去にスポーツをやっていたか聞かれることがあります。身長はあるものの、それを活かすだけの跳躍力が備わっていなかったので、バスケやバレーといった華やかな競技とは縁が無く、高校時代はボート部に所属してました、と答えます。想像以上のマイナースポーツに相手は困惑。話が膨らまないどころか、沈黙間違いナシです。

実は、父も兄も叔父も早稲田大学やその系列高校でボートをやっていた「早大漕艇部一家」ということもありまして。その流れで、気づいたらボートを漕いでたわけです。ボート競技とは、テレビドラマ『愛という名のもとに』など、ハレー彗星の周期くらいでしかプチ話題にならない悲しいスポーツです。高校生の競技人口は八丈島の人口くらいでしょうか。いや、そんなにいないかもしれません。横幅がお尻の幅ほどのアメンボのような船に乗ってひたすら漕いでタイムを競う、それはそれは原始的な競技です。

ラグビーやゴルフと並んで「英国紳士のスポーツ」などと呼ばれていますが、我々はそもそも英国人じゃないのでシックリ来ないのも当然で。どちらかというと「奴隷船」がイメージに近いです。嘔吐とは少し違う、口の中が酸っぱい胃液で充満する「プチゲロ」（または「ひとくちゲロ」）は日常的なことで、失神をする一歩手前の「視野の両サイドから暗幕がスーッと閉じていく」状態はローアウトと呼ばれ決してレアではありません。いつも水上にいるので「夏場は涼しくていいね」と言われますが、水面に照り返すせいで2倍の太陽光線を浴びる「灼熱地獄」です。

ポジションとしては、コックスと呼ばれる指示出しと舵取りをする人がいたり、先頭でリズムを作るストローク、船のバランスを整える最後尾のバウなどがあります。余談ですが、当時の「コックス」のオニキと「ストローク」のイトウは、今でも一緒に働いています。デザイン事務所は体力的にハードな時もありますが、「あの頃と比べたらまだまだ」と、3人ともブレーキが壊れた状態のままなので、ほっとくと半永久的に働き続けます。とても危険な事務所です。

練習は埼玉の戸田公園にある全長2㎞あるプールの化け物みたいなところで行なわれるのですが、高校生は常に大学生や実業団に怯えながらコースを譲るので、見事なほど闘争心に欠けた「草食系選手」が育ちます。プールに慣れきっているため、戸田以外の川や海など「流れる水」で漕ぐと目を見張るほど遅くなります。さらに普段2㎞おきに折り返すため、長距離の練習の経験がなく、レース後半にめっぽう弱いのです。そうなると、ほかの船の波の影響を受けずに、相手の様子が窺える（船は後向きに進む）、「先行逃げ切り」を狙います。都大会ではいつも「逃げ切って」圧勝です。といっても参加校は4校ですが。しかし、インターハイとか国体となると2回戦あたりで「逃げ切れず」にぶざまにやられて帰ってくるのです。その見応え感のない淡泊なレース内容が、いかにも東京の「もやしっ子」という感じです。
そんな、どこまでも地味な競技ですが、年に1度くらいは感動することがありまして。それは漕いでいる全員の息が恐ろしいほど「合う」瞬間があるのです。普段も「合っている」状態に違いないのですが、それとは別格の一体感で、高校生レベルだとほとんど偶然に近い現象です。水の抵抗がなくなり、まるで水面上1㎝くらいのところを船体が「飛ぶ」感覚です。当然、本来の実力以上のスピードが出ます。この「飛ぶ」感覚の追求は今のデザインの仕事にも繋がっています。プロジェクトに関わるすべてのポジションの人の息が合うことで、ひとりでは到底実現できないようなおもしろいデザインが生まれることがあるんです。

新宿伊勢丹で「ISETAN JAPAN SENSES」という企画展が開催されたのですが、その一環として、more trees と一緒に作った木製オルゴールがお披露目されました。more trees は坂本龍一さんが発起人となり、間伐材を活用することで森林を保護する活動を行なっている団体です。そして、このオルゴールは50組のクリエイターたちによってアレンジされ、それもまた展示、販売されることになっています。自分が手掛けたものが別の人の手によってさらにおもしろくなるかもしれない、というワクワク感は紛れもなく「飛ぶ」ことへの期待感と重なるのでした。

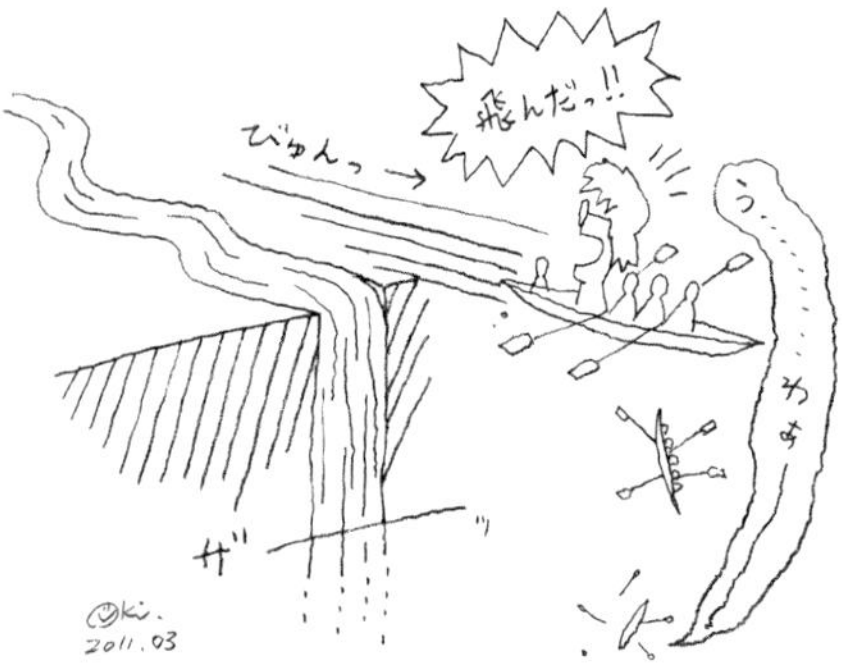

photo: HAYASHI Masayuki

bell-orgel

「デザインをしない」という考え方がデザイン界に一大旋風を巻き起こしてから、かれこれ4〜5年くらい経つでしょうか。

歴史を振り返ると、建築の巨匠、ル・コルビュジェの「住宅は生活のための機械である」という言葉とか、ミースの「less is more」も有名ですが、そういう「機能美」とか「ミニマリズム」といった禁欲主義的な表現の流れは過去にもちょいちょい登場してるわけです。でも、今回は「必要最小限まで装飾的要素を削ぎ落とす」ところから、いよいよ「デザインをしないデザイン」という未踏の地に足を踏み入れちゃったわけです。クライアントからしてみたら真っ青ですよね。料理をしない料理人とか、弁護をしない弁護士がいたら相当嫌ですもんね。

とはいってもデザイナーの業務はスケジュール調整や予算、品質管理など、多岐にわたるものなので、決して仕事をしてない、という意味ではないんです。野球で言う、ピッチャーの「腕が振れてない」とか「球を置きにいっただけの投球」に近い話で。実際は腕を振らなきゃ球は投げられないし。本当にキャッチャーミットまで球を置きにいったらある意味事件だし。要は「形を作ることがすべてではない」という考え方がちょいと加速しすぎてトレンド化したというわけですね。

「無形のデザイン」という言葉の響きも実に耳に心地よいのです。情報を整理することがデザインであったり、人の直感的な行為や空間に馴染むことがデザインであったり、自然界がもつ曖昧さがデザインであったり。デザインはあくまで脇役であり、潤滑油であり、接着剤である、と。

いかにデザイナーが社会的に有意義な存在であるかを、わかりやすい言葉で世間一般にプロモーションをしていたら、デザイン界自体がその甘い誘惑にそそのかされちゃった感じでしょうか。「自分の毒にシビれたフグ」状態です。

もちろん、言っていることは間違ってはいないし、最初に言い出した人はエライわけですが。でも、それがすべて、みたいな空気になると少々厄介です。真っ先に被害を受けるのが学生さんです。何せ人一倍、感受性が豊かですから。そういった考え方に感化された作品をちょくちょく見かけます。机に溝を1本入れて、「鉛筆が転がらない机をデザインしました」って、言われましても。そんなに鉛筆が転がって困ってたのか？　と。次は机に凹みを作って「コーヒーカップが置ける場所をデザインしました」というわけです。「無意識にカップを置きたくなる、行為を誘発するデザインなんです」と。

確かに国土は狭いけど、コーヒーの置き場に困った記憶はないです。いずれにしろ、すごくニッチな闘いに没頭しているわけです。そして、最近ではアジア諸国のデザイナーたちにもこのトレンドが波及していることを強烈に感じます。

自分のことはシッカリと棚に上げているわけですが。かくいう私も海外のプロジェクトで、気鋭デザイナーなどと競合になってしまった際には「あ。形勝負じゃ、とてもかなわない」と一気に弱腰になり、この「デザインをしない」という禁断の懐刀をスラリと抜いちゃうことがあるので、あまり強気に言えない事情があるのです……。なので劇薬は「使用上の注意をよく読み、用法・用量を守って正しくお使いいただく」ぶんにはいいんじゃないでしょうか、というユルい結論とさせてください、ここは。

そうこう言ううちに気づいたら年に1度のデザインの祭典「ミラノサローネ」が迫っています。今年は家具メーカー12社からの新作発表に加え、ミラノ市内の小さなギャラリーで個展も行なう予定です。台湾政府が主催する展覧会の会場デザインも依頼されていて、早くも肩で息をしている状態です。

その新作のひとつが、イタリアのフォスカリーニ社から発表されるランプです。2枚のスチールをくるりと巻いただけのデザインですが、ひとつの電球から、隙間から柔らかく漏れる光と、下に落ちる強い光という、2種類の異なる光を生み出すのが特徴です。

個人的には、少ない手数ながらも形をキチンと作れた「削ぎ落としすぎていないデザイン」だと思ってたりしますが……早くも「シンプルで美しい」とか「ミニマルでエレガントだ」といった関係者のコメントを聞いて、自分もフグの毒にシビれているのかも？　と少し不安になるのでした……。

問い合わせ先／Foscarini　www.foscarini.com/

photo: HAYASHI Masayuki

maki

ちまちまだって、いいじゃないか

スケッチ画は本来「腕を大きく使って」描くように指導されるものですが、自分は相変わらず鉛筆を短くもってぐじゅぐじゅ描いてます。そのせいかどうかわかりませんが、ちまちましたアイデアが好きです。誰も気づいてくれないようなしょーもないことに膨大なエネルギーを注入することはなお良し、です。だから、自分の過去の作品を振り返ってみても、ダイナミックなものだったり、壮大なスケール感といったものがあまり感じられないものが多いんです。悲しいほどに「人間の器の小ささ」が反映されちゃってます。

学生時代は建築設計を勉強していたのですが、その時も、できるだけ高い視点から物事を俯瞰して、大きなスケールで考察するように教育されました。都市の中にどのような建築物がふさわしいかを考え、その建築物に合わせた部屋を考え、その部屋のための家具を考え、その家具の上で使う食器を考える……という具合に。トップダウン式に大きなアイデアを絞り込んでいく考え方です。

でも、個人的には小さなオブジェクトを考えるところから始めて、それがむくむくと膨らんでいき、その結果として都市的なスケールにまで影響を及ぼしちゃうようなデザインに魅力を感じています。ウイルスが増殖するように、デザインが広がっていくのです。カオス理論でいう「バタフライ効果」というのにも似ているかもしれないですね。北京にいる蝶の羽ばたきがニューヨークで嵐を引き起こす可能性がある、とかっていう有名なあれです。

例えば、秋葉原という街はこれまでの都市計画学的な考え方とは相反する作られ方をしています。京都やニューヨークのようにグリッド状であったり、東京やパリのように放射状に区画され、その中にインフラを配置し、商業地や住宅地をゾーニングしていくような、「神の目線」から作られた都市とは違うのです。

そもそもは電気街だった場所の地下の一室から、個人的でニッチな趣味趣向がじわじわと染み出し、たまたま共感した人たちを引きつけ、巻き込んでいき、今では海外からも注目される日本を代表する個性的な街へと成長した、稀に見る「自然発生的」な場所なのです。どちらかというと原始的な「集落」の作られ方に近いかもしれませんね。これは「上から目線」では作れないものです。だって、行政がエイヤッと作るとだいたい同じような感じになるじゃないですか。どんなに田舎に行っても、駅前とか商店街ってどこも似たような雰囲気だし。だから、秋葉原ってすごくいいデザインだなって思うんです。

これはメディアの変遷にも当てはまる話です。かつてはマスメディアが浴びせかけるように情報を提供していましたが、今はTwitterやFacebook、YouTubeなどのパーソナルメディアの台頭によって、誰もが些細な「驚き」や「気づき」を発信し、共有する他者が増えていくことで情報が広がる「口コミ」の時代になりました。だから、身近な皮膚感覚にこそ価値があり、大きな可能性があるのです。

　エレコム社の『otokurage』というイヤホンは自分がデザインしたものの中で「最小」のプロダクトかもしれません。エレコムはマウスやイヤホン、キーボードといったパソコン周辺機器を製造販売している会社で、デザインにも大きな関心を寄せています。nendoはイヤホン以外にもマウスや携帯端末用アクセサリー等、複数アイテムからなるコレクションを手掛けています。その第1弾となる『otokurage』は、シリコン製のイヤキャップを少し延長させて、本体までもが覆われてしまったような形をした柔らかい質感と装着感のイヤホンです。

　実に些細なアイデアだし、アレコレと複雑なデザイン操作はしていないですが、まるでクラゲのような独特の透明感と、イヤキャップのサイズを替えることで本体形状自体が変化する多様性が生まれました。本体色とキャップの色の組み合わせ方によって、手軽にカスタマイズすることもできます。そして、この世界観に合わせてパッケージもペットボトルのようなものにしました。小さいけど、しょーもないところまでコダワってみました。どこまで広がりのあるデザインかわからないですが、たったひとりでもいいからこの感覚を共有してくれる人がいればうれしいな、と思う自分なのでした。

問い合わせ先／エレコム株式会社 www.elecom.co.jp

photo: IWASAKI Hiroshi

otokurage

多忙のせいか、ちょっとでも空き時間があると、ひとりでぼんやりしていることが多いです。何も知らない人がそんな自分を見て、〝自問自答を繰り返しながら深く思案している、インテリジェンス丸出しな人間〟というふうに、うれしい誤解をしてくれたらいいのですが。そんなんじゃ一切なくてピュアにボーッとしています。

ぼんやりスポットとしては、トイレや風呂、飛行機など、閉塞された空間が多いです。ボーッとしてるとおのずとほかのことがおろそかになるわけで、ボディーソープで頭を洗って髪がキシキシになっちゃったり、リンスで股間を洗って無駄にサラサラになっちゃったり、トイレを出てからチャックを閉め忘れていないか不安になり、いや、むしろトイレ自体を流していないかもっと不安になり、駆け戻っちゃったり……。レベルとしては初期の老化現象に見られるそれに近いです。ここだけの話、そのうちパンツを下ろすのを忘れて用を足しちゃうんじゃないかと、内心ハラハラしています。

そして、一連の自らの奇行から改めて浮き彫りになったこととしては、「人は同時に2つ以上のことを考えられない」という、至極当たり前のことでした。二宮金次郎が薪を背負って読書したっていうけど、絶対1回くらいコケたと思うし。小学校の給食の時間の時に「オレぁ、ハナほじりながらメシ食えるぜぇ」ってヤツもいた気がするけど、それは少し違う話。

一見、複数のことを同時に考えているように見える人は、情報を整理して、その課題を解決するまでのスピードが速いのです。だから、決して2つを同時に処理をしているのではなく、ひとつずつ片づけているんですね。きっと。

実はデザインをする際も、2つの要素を同時に考える必要があります。厳密に言うと、2つの間を超高速で行き来することで一定のバランスを保つ、ということですが。この2つの要素の正体は「右脳型デザイン」と「左脳型デザイン」です。

「左脳型デザイン」とは文字通り、左脳的な思考判断によるカッコ良さのことです。機能性や価格といったスペックや、作り手のコダワリ、技術的な特異性、素材の希少性、ブランドにまつわる歴史やエピソードなど、数字や活字で理解することで感動する、そんな理論に裏づけされたデザインのことです。

逆に「右脳型デザイン」は色やフォルム、材質など、見た瞬間に心の奥底に飛び込み、鳥肌を立たせるような、直感的なデザインです。自然現象などもこれに近いかもしれませんね。美しい夕焼けを見て感動するのにウンチクはいらないですもんね。

多くのデザイナーがこの2つの系統のどちらかに種別できると思います。オランダや日本にはストーリーを巧みに組み立てていく左脳型デザイナーがたくさんいるし、圧倒的な造形力をいかんなく発揮するイタリア人デザイナーたちは右脳型が多いです。どっちが正解というわけではないですが、自分の系統を把握しないままデザインしちゃうと、どこか、ちぐはぐとした「バランスの悪いデザイン」になっちゃうようです。

自分はというと、前述したように、右脳型デザインと左脳型デザインの狭間を自由に行き来しながら、与えられた条件に応じてその配分をコントロールできるようになりたいと日々精進しています。つまり左右の両立です。ビールの「キレとコク」みたいなものですね。

最近、ミラノにある小さなギャラリーで個展を行なったのですが、そこでは少し変わった素材を使った、実験的な家具をいくつか展示しました。その中のひとつに「透明な木」でできているテーブルがあります。これは木目のついた型にアクリル素材を流し込んで成型したものです。表面だけでなく側面もすべて木目を入れてもらい、床のフローリング材と同じようなエッジの処理や連結方法を採用するなど、コダワリつくしました。でも、そんなウンチク抜きでも、小さな子供が見ても純粋におもしろい、と感じてもらえるものを目指しました。

いわば、左脳的なプロセスでありながら、最終的には右脳的な美しさを表現できないものかな、というアプローチです。制作期間中は常に「2人の自分」が交互にデザイン検証をしている感じです。めまぐるしく。右脳も左脳もクタクタです。だから今はどちらの脳も休めて、トイレでぼんやりしたいと思います。パンツはちゃんと下ろしますけどね。

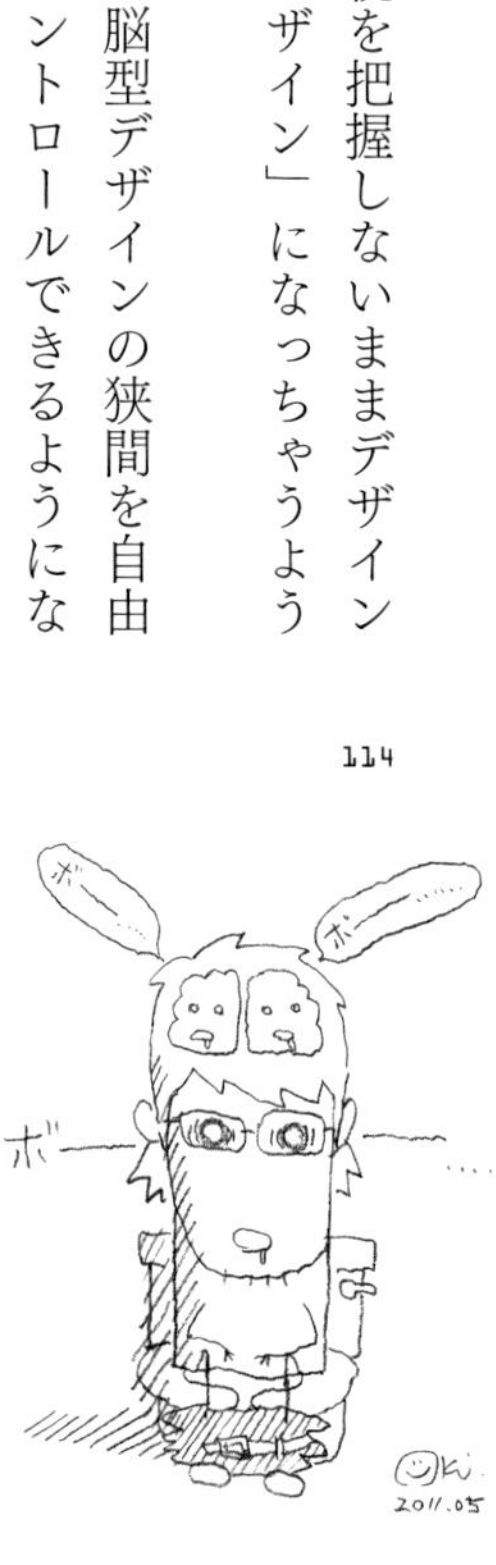

photo: HAYASHI Masayuki

transparent table

わざわざ語るようなことではないですが、自分の足は異常に蒸れます。「男は群れるな」みたいなハードコアな言葉も自分には「蒸れるな」にしか聞こえません。革靴はNG。ブーツは論外です。スニーカー選びも、できるだけローカット。そして「通気性至上主義」を貫いてます。

会議中でも、1時間を経過したくらいで靴を脱ぎます。相手にはバレないように、足は靴にのせてシルエットをひとつにします。これも社会人としてのエチケットのひとつと心得ています。

そして、何よりも重要なのが脱ぐタイミングです。「そろそろかな」というところで「ガス抜き」をしなければなりません。このタイミングを逃すと、今度は「蒸れ」が「異臭」に変わってしまいます。つまり、一歩間違えると最後まで脱げない状況に陥り、事態は悪化への一途をたどるのです。そういった意味で、カカトを潰して履けるクツは重宝しています。少し足を引くだけで靴の内部に空気を流入させられますから。カカトが潰せない靴でも、靴の中で足をアーチ状にすることで靴底と足裏の間に隙間を作って通風を促す、という「高等テク」も存在します。ただし、これには足が「つる」リスクが伴います。

出張には靴用の除湿材と消臭スプレー、それに足用の制汗剤という、通称「三種の神器」は不可欠ですが、荷物が増えて困ります。以前、スタジオで家具の撮影に立ち会っていた際に、家具の向きを調節するために靴下で背景用の白い紙の上を歩いたら、足裏の湿気で紙にくっきりと足跡がついてカメラマンに怒られたこともあります。

一方、「臭い」に関しても細心の注意を払っているのですが、どうやら自分が飼っている愛犬きなこはこの臭いがむしろ好きなようで、脱ぎたての靴下を嗅ぐと、激しく頭を振ったり、床に顔を押し付けながら手足をバタつかせて全身で喜びを表します。ほとんどトランス状態です。海外出張後の、洗濯待ちの靴下が20足ほど詰められたビニール袋に頭を突っ込んで肺の隅々まで行き渡るように深呼吸している姿を見て、妻は本気で嫌がっています。そんな時、高校時代の兄の姿を思い出します。

自分は兄と同じ高校の同じ運動部だったのですが、兄は競技そのものよりも、合宿に持参する荷物をいかにしてコンパクトにするか、ということに情熱を燃やしていました。いよいよ3年の夏。最後となる合宿に、兄はポーチひとつを小脇に抱えて集合場所に現れました。大喝采です。まさに有終の美です。

で、どうやってそこまで荷物を小さくできたかと言いますと、服を密閉型ビニール袋に入れてストローで吸引してきたらしいのです。通販で売っている布団用の真空パックみたいに。ところが落とし穴は合宿後に待ってました。使い終わったパンツや靴下を入れたビニール袋を、時折咳込みながら凄まじい形相で吸引する兄。酸欠のせいか悪臭のせいかわからないけど、顔は真っ青です。そして、なんとかポーチに収めた後、「いやあ、意外と汗で膨らむもんだね、パンツとか」と満足そうに言ってて、「え？そこ？」と思った記憶があります。

と、また激しく脱線しましたが、最近、靴にまつわるインテリアデザインを手掛けました。クライアントはスポーツブランドのPUMAです。これまでは別々だったプレスルームとイベントスペースが新たに東京の青山に「Puma House Tokyo」として完成しました。展示会や各種イベント、プレス対応、フィッティングや貸し出しなど、多目的な空間です。

ここで考えたテーマが「階段」でした。日常生活において「階段」が最も体を動かしていることを実感できる場所であることと、また、スタジアムの観客席や表彰台など、スポーツとの関連が強いことから導かれたコンセプトでした。

空間内に配置されたたくさんの「階段」は、人を上下階に移動させるという本来の役割ではなく、PUMAの主力商品であるスニーカーを展示するための棚として使います。「その先にも部屋があるのかも？」と感じさせるような奥行きを空間に作り出すとともに、普通の陳列棚ではできないような立体的な商品展示も可能になりました。実際にこれだけの階段を上り下りしたら足は相当蒸れるだろうな、と想像するだけでも足がじわりと蒸れるのでありました。

問い合わせ先／プーマジャパン株式会社　www.puma.jp

photo: ANO Daici

Puma House Tokyo

子供の頃から野球が好きです。といっても一度もボールを触ったことがなく、観戦一筋です。どこのチームを応援するとか、どの選手が好きとかではなく、律儀に順番を守って打席に入るバッターや、9回まで淡々と27個のアウトをとり続けるピッチャーの、どことなく「業務」っぽい感じにグッときます。攻守共に立ち位置が決まっているのもいいですよね。イレギュラーなことが少なくて、見る側も妙な安心感があるわけです。

試合進行もまた、頻繁に動きが止まるどころか、むしろ動いていない時間のほうが長い、というメリハリがまたいいんです。だから、夕食中にナイター中継を見ていても、ピッチャーがマウンドをならしている間にオカズに手を伸ばせばいいのです。サッカーだとこうはいきません。基本的にみんな自由に動きすぎですから。突発的な動きや「不意討ち」みたいなのも多すぎて、見ているほうも何が起きたのかわからない。たいがいオカズに手を伸ばしている時に限ってゴールが決まるものですからね。

大学生の時は、近所のお肉屋さんで日本ハムファイターズのタダ券をもらってきては授業後に東京ドームに行ってました。ドーム開催試合のうち半分以上観たシーズンもありました。まあ、当時の日ハムは今と違って新庄やダルビッシュやハンカチ王子といった、いわゆる「持っている」選手がいるわけでもなく、本拠地すら「持っていない」、東京ドームを「間借り」している地味な球団でした。

マスコットもバク宙などできないから、健気に手を振るしか芸が無いわけです。スタンドもガラガラで、修学旅行生たちが「イチロー！」って叫んで、横になっている酔っ払ったオジサンが「ロッテにイチローはいないよぉー」って言っている感じです。試合後に選手たちがファンサービスでスタンドにボールを投げ込むのですが、早く帰宅したいのか、必要以上にスピンがかかった球をせっせと投げ込み、よそ見しているニート風のにいさんの顔面に直撃、眼鏡が粉砕、なんてこともありました。お互い何をやってんだか……ですよね。

でも、こういった選手とファンの「一体的なグダグダ感」が妙に心地よかったんです。この野球観戦の日々が今のデザイナーとしての仕事に影響を与えているかというと、当然、皆無なわけです(笑)。が、野球の魅力である「メリハリ」と「グダグダ」はその細かいルール設定から生まれるものだとすると、デザインもまた「ルール」をいかに設定することが重要か、という考え方はできると思います。

「羽根を回転させずに風を生む」というルールからダイソンの羽根の無い扇風機が生まれたように、単純明快なルールによって、アイデアは発展していきます。そして、そのルールを回避したり、巧みに利用しながら新たな表現が発見されていくのです。

最近、「ピクニックボックス」なるものをデザインしました。ルイナールという世界最古のシャンパーニュブランドからの依頼です。シャンパーニュとグラス、そしてボトルストッパーがひとつのボックスに収められたものです。

与えられたテーマは「都会の逃避行」。都会の喧騒から逃れるのではなく、都市空間内においてリフレッシュしたり、リラックスができるような、一時の安息を感じさせるものであってほしい、とのこと。そこで、電線にとまって休んでいる小鳥のイメージから、「テーブルに自立できないけど、細い線の上にだけ着地できるグラス」というルールを設定しました。

どこにでもゆったりと置いてくつろぐのではなく、軽やかに飛び回っては、時々休むようなグラスです。このルールからボトルストッパーも「木の枝」のようにすることでグラスが着地できるようになり、ボックスの取っ手もグラスのための「とまり木」になります。パリで行なわれたお披露目パーティーのために、「塀」のように薄っぺらいバーカウンターや「鳥の巣」のように小枝が集まった形のテーブルなど、ひとつのルールから派生したデザインが次々と生み出され、その一体的な世界観をゲストの方々に楽しんでいただきました。

とはいえ、朝まで帰らずに飲んだくれているゲストもいるわけで、東京ドームで横になっていたオッサンたちと同じくらい、いや、それ以上に「グダグダ」しているところは、さすがフランスでした。

問い合わせ先／MHD モエ ヘネシー ディアジオ www.mhdkk.com/ 完売につき国内取り扱い終了。

photo: HAYASHI Masayuki

Kotoli for Ruinart

まんまです……

前回、自分がいかに野球観戦が好きかを語らせていただきましたが、そもそも、なぜ好きになったのか、というキッカケを前号入稿後に思い出してしまいまして、不覚にも2回連続で野球ネタとあいなりました。

とはいえ、その肝心のキッカケも実に些細なもので、「プレーの名称がおもしろかった」という程度なのです。別に慣れればどうってことはないのですが、冷静に見ればば見るほどおもしろいんです。厳密には「おもしろい」というより、その無駄に「物騒」なニュアンスが当時中学生くらいの自分には魅力だったんでしょうね。

まず、バッターに球が触れたら「死球」ですよね。本当に死ぬバッターはそうたくさんいない。で、塁に出たランナーが「盗塁」するわけです。「盗聴・盗撮・盗塁」って並んでも違和感を感じないくらい、あまりにもスポーツマン精神に反するネーミングじゃありませんか。そして、その頂点に君臨するのが「盗塁王」ときたもので。どんだけ極悪非道な奴かと思ったら、たいてい小柄で細身な選手なわけです。で、今度はその盗塁しようとするランナーをピッチャーが「刺す」わけです。キレる中学生、みたいな話ですね。確かに盗みは良くないが、何も言わずにいきなり刺す店主もどうか。

ほかにもあります。走れメロス的なものをどうしてもイメージしてしまう「走塁死」。どんだけ走ったんだ、と。「封殺」って聞くと毒殺されたロシア人スパイを思い出すのは自分だけでしょうか。「併殺」って無理心中みたいなもの？　って思ったらまさかの「三重殺」。どんだけ人間関係ドロドロなんですか？　という感じです。

「死に方」以外にも無駄に「悪態づいた」ネーミングがあります。まずは「暴投」。ピッチャーとしては一球、手元が狂っただけで「暴力装置」呼ばわりされたくない。「邪飛」って響きはどう考えても空を飛ぶ妖怪の一種だけど、プレーとしては至って地味なファウルフライ。

そしてひたすら「献身的」なネーミングシリーズ。「犠打」「犠牲フライ」「犠牲バント」。頼むからこれ以上、犠牲者を出さないでほしい。そして「自責点」。そんなに自分を責めないでほしい。

あとは、幼児退行気味ともとれるほどの「フィーリング系」。ゴロゴロと転がるボールが「ゴロ」。股の間を抜けたら「トンネル」。ボールを掴みそこねて「お手玉」。ボールを隠し持って「隠し球」。どれも駄菓子屋で売ってそうな感じです。ほかにもバッターに対して普通に失礼な印象の「凡打」や、政策に失敗して退陣する政治家のイメージの「失策」。2人連続でホームランが出たら「アベックアーチ」なわけですが、そもそも「アベック」って……。

そして「サヨナラホームラン」のように、挨拶をそのまま名称にしちゃっている強引さがなんとも素敵です。

そんなわけで、極端にプレーがイメージしやすいネーミングと、そうでないものが見事に混在しているわけですが、デザイナーも自分が手掛けたデザインに名前をつける機会が多いわけです。

そして、そこに強いコダワリを持つデザイナーも少なくありません。70年代の日本デザインを代表する倉俣史朗氏は自分が手掛けた椅子に「How high the moon」「Begin the Beguine」といったジャズの名曲のタイトルや、戯曲『欲望という名の電車』のヒロインから「Miss Blanche」とつけるなど、いろいろと工夫したものです。

鬼才ロン・アラッドは作品を撮ってくれた写真家Tom Vackをもじって椅子に「Tom Vac」とつけ、車輪をつけたものを「Tom Roll」にしました。現代デザインの帝王、フィリップ・スタルクは「LORENZO LE MAGNIFIQUE（すばらしいロレンツォ）」のように、その家具を担当したアシスタントの名前をそのままつけることで有名です。

自分はといいますと、ネーミングを考えるのがおっくうなので、正直、適当につけています（笑）。そのうちのひとつがエレコムとのコラボレーションで最近作ったコンピューターマウスです。

ケーブルがグルリと巻き付いてマウスを輪郭づけるようなデザインなのですが、その名もズバリ、『rinkak（リンカク）』なのです。

問い合わせ先／エレコム株式会社　www.elecom.co.jp

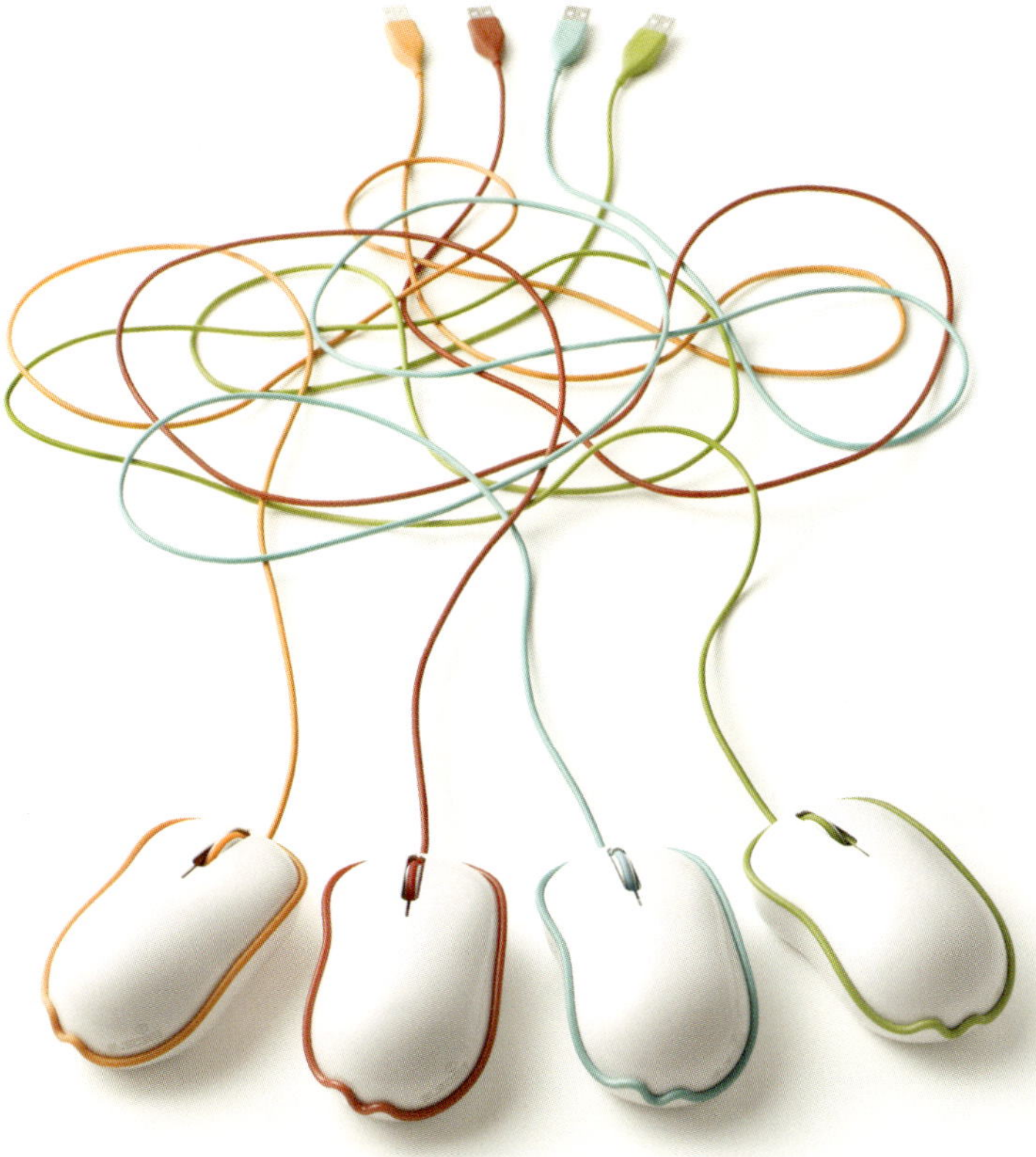

photo: IWASAKI Hiroshi

rinkak

ドラか、エヴァか、ガンダムか？

「ドラえもん派」か「ガンダム派」か。男性クリエイターはそのどちらかに必ず分類される、という話を聞いたことがあります。

そして、最近は「エヴァ派」も台頭著しいという噂もちらほらと。幼少期の体験は少なからず創造性に影響を与えるらしく、「どっち派」であるかは作風を見ればなんとなくわかる、らしいのです。

簡単に言うと「親しみやすいカワイイ」デザインなのか、「エッジの利いたカッコイイ」デザインなのか、ということなのかもしれませんが。

そんないい加減な分類をしていいものやら、と思いつつも、あながち間違っていないような気もするわけです。主人公の「のび太」も「アムロ」もどちらかというと出来の悪い少年で（エヴァの碇シンジしかり）、突出した「ツール」をたまたま入手することで彼らの欠点は見事に克服され、次々とストーリーが展開していくのが特徴です。

本来あまり勉強や運動が得意ではない人間が、たまたま手に入れた「デザイン」という「ツール」によってデザイナーになったり、「アート」という「ツール」によってアーティストになることを考えると、こういった主人公と自分自身を自然と重ね合わせて、共鳴する部分があっても不思議じゃないわけです。

そういえば、2005年に『GUNDAM —来たるべき未来のために—』というグループ展が全国各地の美術館に巡回され、その会場構成やグラフィックデザイン、オリジナルグッズのデザインなどをやらせていただいたことがあります。「ガンダム派」の芸術家たち15組が機動戦士ガンダムを題材にした作品を本気で発表する、という内容で、会田誠、小谷元彦、天明屋尚、宇川直宏など、ほかにも相当濃いメンバーが揃っている展覧会でした。

この時大変だったのが、関係会社が集ってすべての案件について事細かに審議をする「ガンダム委員会」というもの。しかも何も知らない駆け出しデザイナーの自分は恐れ多くも「『ジオング』の頭が外れたモチーフの剣玉です」とか、「お箸がキャノン砲に見える『ガンキャノン』型の箸置きです」とか、「『黒い三連星』をイメージした塩・胡椒・七味の調味料セットです」などとプレゼンし、今思い出しても背筋が凍るような沈黙を経験しました。

「ちなみに七味用の小さじが『ドム』のビームサーベルとなっております」とリカバリーのつもりが、無駄に傷口を広げたことは今でもよく憶えています。

そして、そういったグッズが商品化されなかったことは言うまでもありません。

全然話が変わりますが、最近、吉田カバンの『PORTER』ブランドとバッグのコレクションを手掛けました。「デザイナーのツール」をテーマに、A3ポートフォリオケース、A4とA5のPCケース、手帳カバーと、ペンケースの5アイテムです。

A3ケースはプレゼンテーション終了後にA4サイズに折り畳んで持ち帰れたり、3種類の持ち手によって「手持ち」「肩掛け」「タスキ掛け」といった持ち方ができます。PCケースは内ポケットに好みの緩衝材や板材を入れることで緩衝性能や重量などがカスタマイズできたりと、地味なこだわりのオンパレードです。

その中でも最もこだわったのが、なぜかペンケースです。デザイナーにとってのペンケースはいわばドラえもんにとっての「四次元ポケット」です。カバンの底に潜り込んでしまうようなことがあってはいけません。そこで、バッグの外や、手帳の内側などに、まるで四次元ポケットのようにどこへでも手軽に貼りつけられることで、筆記用具を常にコンパクトに持ち運んで、いつでもサッと取り出せるようにしました。

将来のデザイナーを目指すたくさんの「のび太」たちにとって、何かしらのキッカケを生み出す「ツール」となることを意識して作りました。

そろそろ勘の良い読者の方はお気づきかもしれませんが、前述の「ガンダム委員会」の前では口が裂けても言えなかったことですが……私は決して「ガンダム派」ではなく、まさかの「ドラえもん派」だったのでした……。

問い合わせ先／リアルプロデュース　www.airlize-shop.com/real

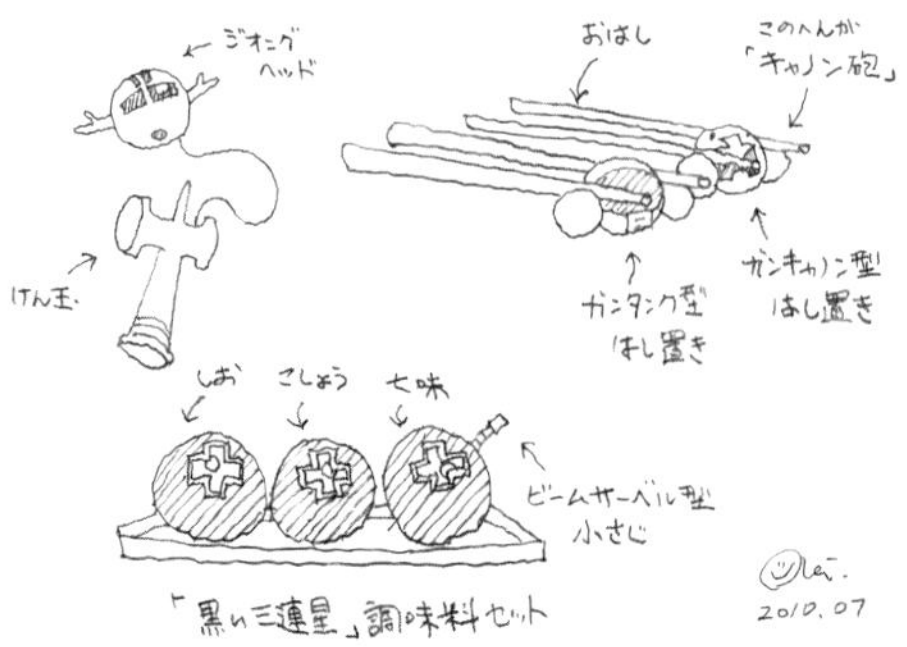

photo: IWASAKI Hiroshi

onb.

スンドメの美学――。そんなふうに形容できるギリギリなデザインが存在します。「いやいや、そこは一応プロなんですから、ある程度ゆとりのあるデザインをしてくださいヨ」と言われそうですが、実はその「ゆとりのあるデザイン」は受け手にとって退屈なものだったりするのです。そして、そういったデザインは経験とノウハウさえあればある程度誰にでもできるようなものなのです。まあ、かくいう私にはそういったものが備わっていないので、「仕方なく」スンドメを意識したデザインをやっている、という部分もありますが……(笑)。

テレビや映画の基本も「スンドメ」じゃないでしょうか。登場人物同士の感情のすれ違いにヤキモキし、スレスレのアクションに固唾をのむわけで、圧勝し続けるスポ根モノや順風満帆の人間ドラマなど誰も見たくないわけです。タイタニックが全く沈まなかったら、逆にドキドキしますけどね。

この「スンドメ」をデザインに置き換えると、「デザインのしすぎかどうか」というのがあります。デザイナーの強い意志や努力が最終的に受け手側にどの程度伝わるのか、というものです。ファンに汗ひとつ見せないアイドルもいれば、ＡＫＢのように自分たちの熱い想いや苦労をストレートに見せることでファンとの一体感を生み出すアイドルもいるわけで、どれが正解、というのはないのです。

とはいえ、個人的には「一見するとデザイナーが関わっていないように見える」くらいあっけらかんとした印象なのに、よくよく見ると細かいディテールにこだわっていたり、使い勝手がほかのものよりも良かったり、さりげなくキレイだったり、という「狙いすぎてない」デザインがカッコいいと思ってます。

これは、事務所を設立してまだ間もない頃、スウェーデンのメーカーのために家具をデザインした時に、そこの社長が理想的なデザインについて「different, but not too different.（ほかとは違うこと。でも、違いすぎないこと）」と言ってたのが、今の自分に影響を与えているのかもしれません。

この「デザインの程度」以外にも、「機能性と装飾性」のバランスや、「まじめさとちょっとした遊び心」のさじ加減など、デザインとはいろいろな軸の「スンドメ」を探し当てていく作業なのです。

そのすれすれのところを歩く勇気がないと、核心に迫ることはできないのです。そして、物事の「キワ」を見つめれば見つめるほど、白と黒の境界線にしか見えないはずの領域に濃度の異なる無数のグレーの存在に気づくのです。だから、意外と広がりのある作業だったりするのです。そんな「スンドメ」のデザインから生まれる「際どさ」は受け手側に簡単に消化をさせない効果、つまり「引っかかり」になるわけです。

普通にキレイなもの、バランスの良いものを見ても、次の瞬間に忘れてしまうようなデザインもありますが、「際どさ」はまるで喉に刺さった小骨のように、心に引っかかり続けるのです。

これは新しい機能や効能をもった製品を市場に投入する際には重要なことだったりするわけです。スルッと市場に馴染ませたいならともかく、「一石を投じる」商品にしたい場合はこの「引っかかり」を最大限に活用しない手はないのです。

そんな「スンドメ」デザインのひとつとして、『oppopet』というコンピューターマウスをデザインしました。文字通り「尾っぽ」がついていることで、動物のように見えるマウスなのですが、その「尾っぽ」を引き抜くとUSBのレシーバーになっていて、パソコンに挿すと、マウス本体は至ってシンプルな形状となり、パソコンの中に動物が潜り込んでいるように見える、というデザインです。

一見すると「またnendoがアホなもの作ったなー」という感じですが、使い勝手やコスト、市場の動向などを加味したうえで意外と綿密に設計されていたりもするのです。

そうです。意外とまじめに仕事をしてるんです（笑）。

この第一印象がおバカなところも「スンドメ」のデザインなのです……と言いたいところですが、「トメ」きれずに少しだけ流血しているという噂もあります……。

問い合わせ先／エレコム株式会社　www.elecom.co.jp

photo: IWASAKI Hiroshi

oppopet

デザインの見方は人によってそれぞれだと思いますが、自分の場合は「エッジ」をよく観察するようにしてます。

そこには、「このデザインをこう見せたい」という作り手からのメッセージが凝縮されているからです。ケータイひとつとっても、機種によってカドの厚みや丸みはそれぞれ違うし、同じ本体の構成パーツによってもその処理の仕方は異なります。

フチを削ぎ落としたり別の素材を組み合わせることで少しでも薄く見せる努力や、高齢者や子供向けの商品は柔らかなカーブによって優しさを表現します。一見すると直角に見えるボタンのエッジにも僅かに丸みがあり、これに加えて、ボタン表面の膨らみと周囲のスキマのバランスによって、ボタンの押し心地が変わります。

こういったディテールにはメーカーごとの「クセ」のようなものがあり、どこかのメーカーのデザイナーが名前を伏せて個人的に作った家具を展示していても、「あ。あそこの家電メーカーっぽいな」ということがエッジの扱い方からなんとなくわかったりもします。

コップや食器のデザインだと、口が触れるフチの形状によって味が変わるし、テーブルの天板や棚板の厚みやカドの丸みによって部屋の緊張感が増減します。建築やインテリアだと、どうしても工業製品のように一体成型による単一パーツで作れないぶん、タイルやフローリング材などの決まった寸法の部材を貼り合わせていくことになりますが、それによって「目地」というエッジがたくさん発生するわけです。

それらをどうキレイに見せるかが設計士の腕の見せどころと言えます。そんな目で物事を見ていると、コンニャクや豆腐のエッジが成型する際の型によるものであったり、煮物に入っている野菜が煮くずれしないようにカドを「面取り」していることや、カレーに入っている具材の溶けかけているエッジが河原に落ちている小石と同様なプロセスによるカーブなのかな、などといったどうでもいいことが妙に気になったりするわけです。

そんな「エッジ」を意識する生活を日々送っておりますが、最近、「エッジの無い」空間デザインを手掛けました。

それは帽子デザイナー・平田暁夫氏の過去70年間の作品を一堂に集めた「ヒラタノボウシ」展の会場構成です。平田さんが手掛ける帽子が一点一点「手作り」であることから、あえて真逆の要素である、プレス成型による「量産」された不織布の帽子を使った空間にすることで、平田さんの帽子が周囲から際立つことを考えました。まるで「抜け殻」や「幽霊」のような白い不織布の帽子たちは空調のわずかな風にふわふわと揺れ漂いながら、時には展示台となり、また時には壁や天井に、そして光を柔らかく拡散させる役目も担いながら、最終的に約3000個も使うこととなりました。

まるで雲の中にいるような「エッジの無い」空間は、明確な順路も展示台も無いため、その場を訪れた人々は各々自由に歩き回りながら、次々と展示作品を発見していきます。

このプロジェクトを紹介してくださった三宅一生さんや、90人以上の警護に囲まれた皇后陛下など、様々な方をご案内させていただきましたが、皆様一様に柔らかい表情で展示を楽しまれているのが印象的でした。

展覧会が終わったあと、90歳近い平田さんにボソッと「70年の夢から覚めました。最後にして最高の展覧会でした」と言われた時は、うれしいどころか、無性に淋しい気持ちに襲われました。

デザインによって、大先輩の花道を用意できたことはうれしいのですが、これが引退興行にはなってほしくないんです。ご本人はまだまだお元気なんですし(笑)。

今回、デザインの力を感じると同時に、自分には不釣り合いな大役であったことに終わってみて初めて気づいたのでした。

デザイン業界ではシャープなデザインのことを「エッジが効いてる」とか「エッジが立っている」とかって言い方をしますが、今回はどこまでも人を優しい気持ちにさせる、文字通り「カドが立たない」デザインとなったわけです。

photo: ANO Daici

ヒラタノボウシ展

ネンドノオフィス

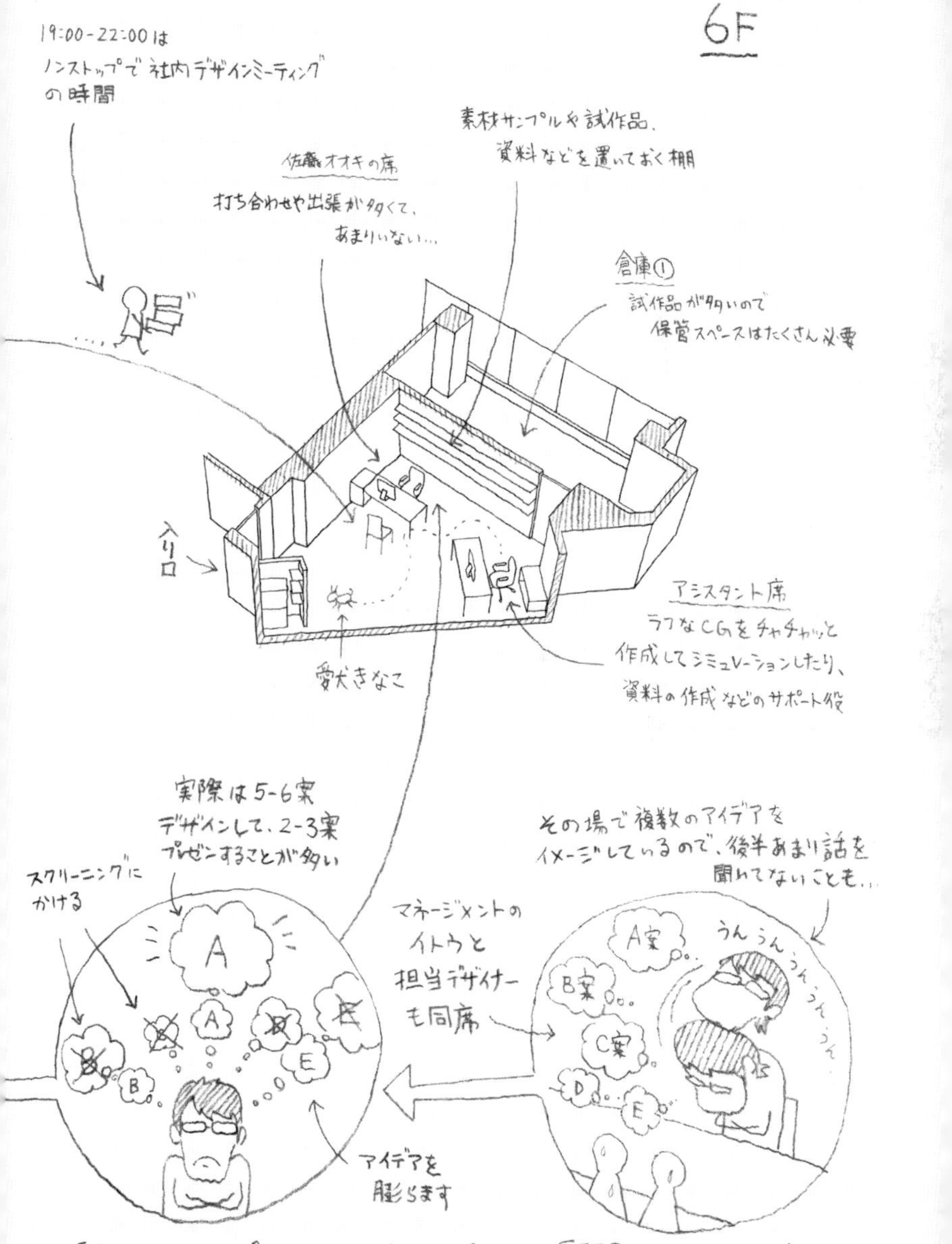
6F
19:00-22:00は
ノンストップで社内デザインミーティングの時間
佐藤オオキの席
打ち合わせや出張が多くて、あまりいない…
素材サンプルや試作品、資料などを置いておく棚
倉庫①
試作品が多いので保管スペースはたくさん必要
入り口
愛犬きなこ
アシスタント席
ラフなCGをチャチャッと作成してシミュレーションしたり、資料の作成などのサポート役
実際は5-6案デザインして、2-3案プレゼンすることが多い
スクリーニングにかける
A
A
B
E
アイデアを膨らます
マネージメントのイトウと担当デザイナーも同席
その場で複数のアイデアをイメージしているので、後半あまり話を聞いてないことも…
A案
B案
C案
D
E
うんうん
STEP 2. コンセプトをまとめる(2-3日間)
STEP 1. オリエンを受ける

5F

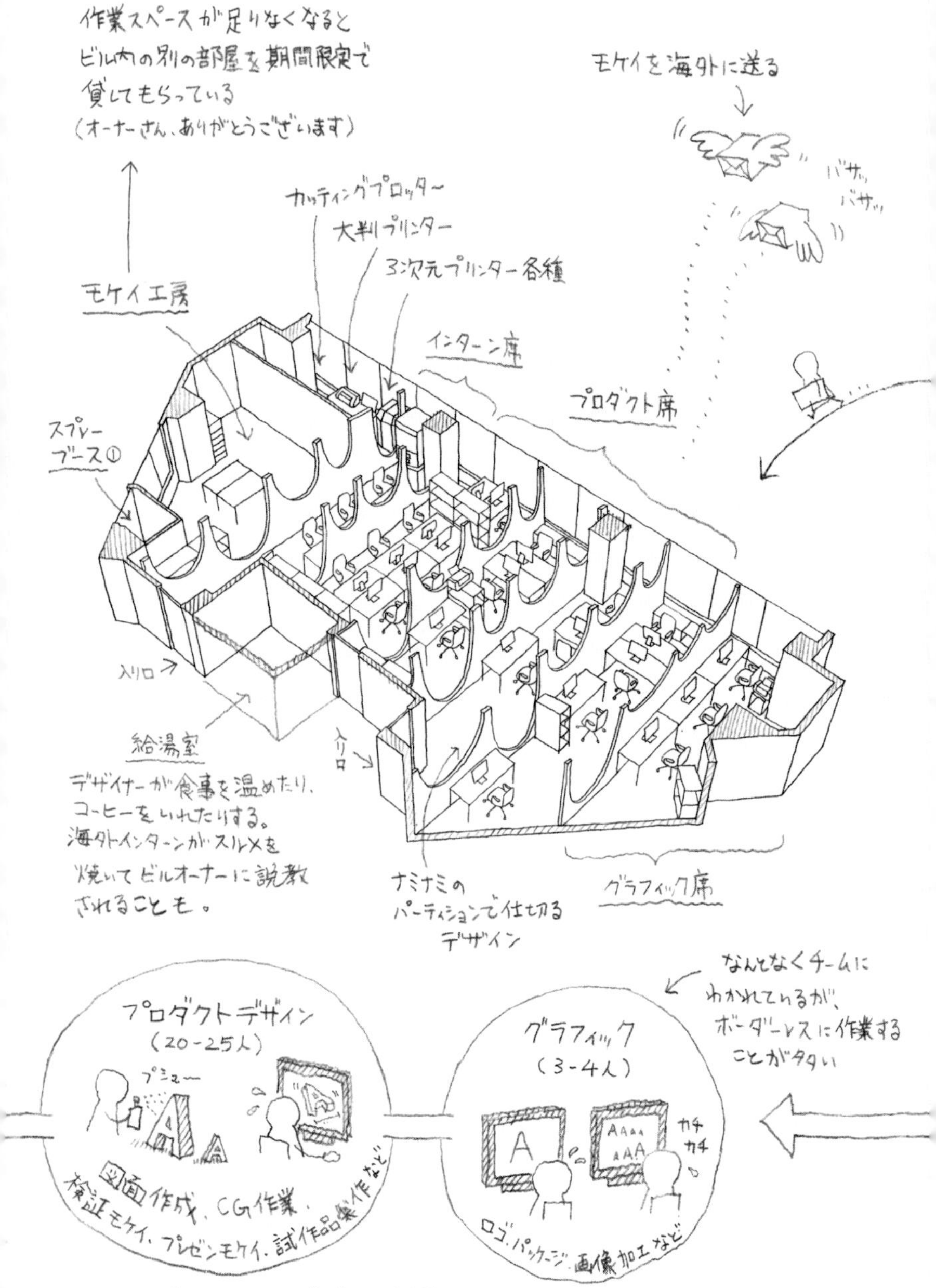

作業スペースが足りなくなると
ビル内の別の部屋を期間限定で
貸してもらっている
(オーナーさん、ありがとうございます)
モケイを海外に送る
バサッ
バサッ
カッティングプロッター
大判プリンター
3次元プリンター各種
モケイ工房
インターン席
プロダクト席
スプレーブース①
入り口
給湯室
デザイナーが食事を温めたり、
コーヒーをいれたりする。
海外インターンがスルメを
焼いてビルオーナーに説教
されることも。
入り口
ナミナミの
パーティションで仕切る
デザイン
グラフィック席
なんとなくチームに
わかれているが、
ボーダーレスに作業する
ことが多い
プロダクトデザイン
(20-25人)
プシュー
図面作成、CG作業、
検証モケイ、プレゼンモケイ、試作品製作など
グラフィック
(3-4人)
カチカチ
ロゴ、パッケージ、画像加工など

STEP 3. デザイン作業(10-14日間)

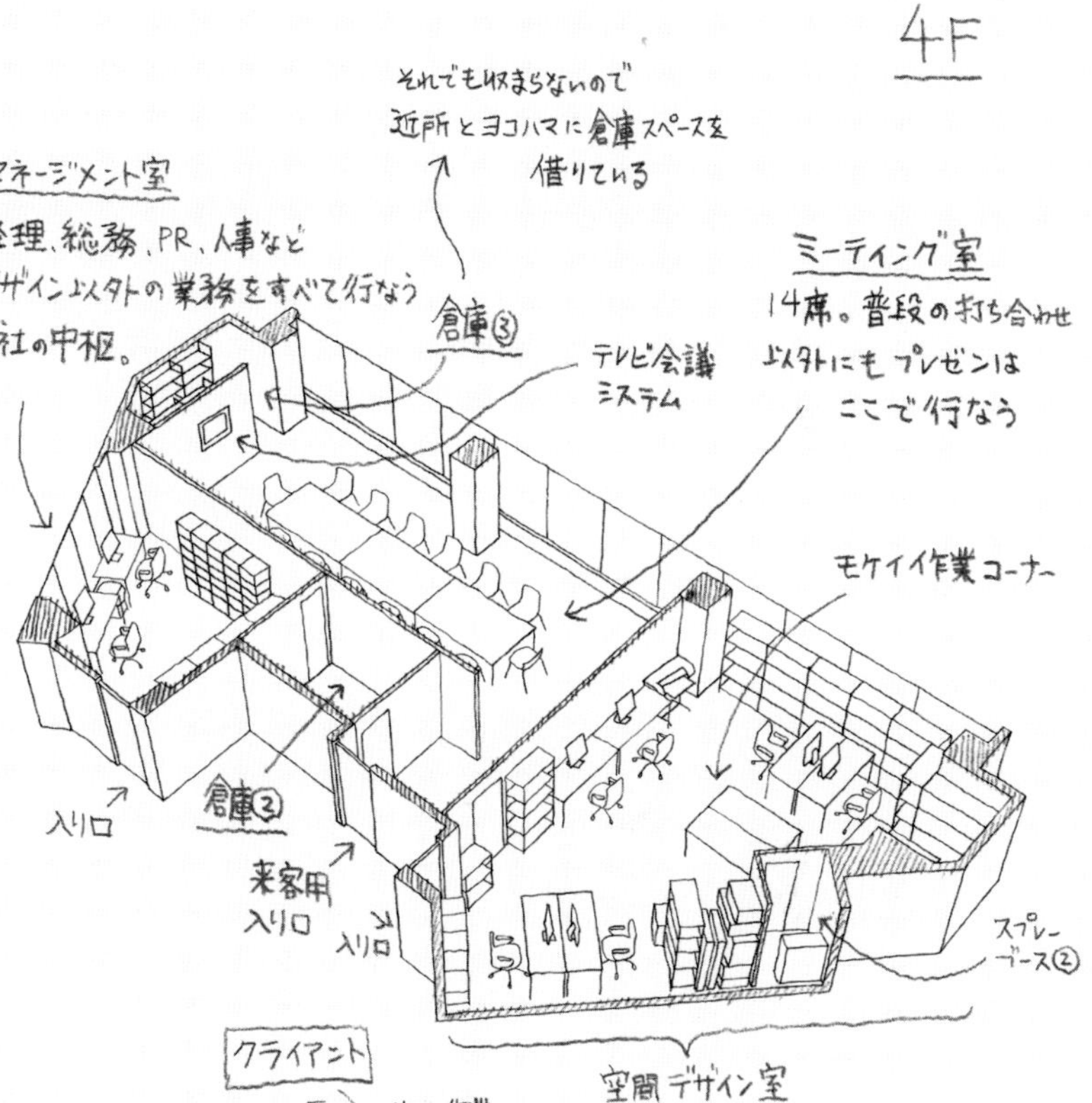
4F
それでも収まらないので
近所とヨコハマに倉庫スペースを
借りている
マネージメント室
経理、総務、PR、人事など
デザインよ人タト の業務をすべて行なう
会社の中枢。
倉庫③
テレビ会議
システム
ミーティング室
14席。普段の打ち合わせ
よ人タトにもプレゼンは
ここで行なう
モケイ作業コーナー
入り口
倉庫②
来客用
入り口
入り口
スプレー
ブース②
空間デザイン室

クライアント
修正作業
工場
サンプル
チェック
詳細
設計
空間デザイン
(6-8人)
現場カンリ、
設計製図、モケイ製作など
エー…と
A案は
こんなですね、
ハイ。
スケッチやモケイ、CGなどをサクッと見せる
よかった
よかった
新発売!
うんうん
STEP 5. 完成
STEP 4. プレゼン

バンブーショック

相変わらず海外出張が多いです。最近、マネージメント担当のイトウの手のシワがやたらと減り、妙に皮膚にハリが出てきて、「あれ？　なんだか若返ったんじゃないの？」なんて話をしていたら、実は全身がムクんでいることに気づきまして。よく見ると、腕時計も靴もぱっつんぱっつんです。彼はまさかのビジネスクラスでエコノミークラス症候群になる、という快挙を成し遂げていたのです。

そんなこともありつつ、海外のクライアントに日々翻弄されておりますが、その中のひとつに台湾の国立工芸研究所が主宰する「Yii」というプロジェクトがあります。これは台湾の工芸職人が海外デザイナーと共同で家具を開発することで、台湾の伝統工芸を活性化させる、という趣旨です。

グルチッチやカンパーナ兄弟など、世界を代表するデザイナーが次々と集められ、出来上がった作品はミラノサローネのメイン会場のひとつであるトリエンナーレ美術館で発表される、という気合いの入りようです。

自分も昨夏、「竹を使った家具を」という依頼をいただき、台湾を訪れて竹のリサーチを2泊3日かけて行なう「竹合宿」に招待されました。で、実際に行ってみると、竹職人と政府関係者とともにマイクロバスに乗せられて、ひたすら竹山の見学です。

隣には明らかにオカマちゃん風の関係者が座っていて、昔から異性よりも同性に好かれる傾向がある自分としては気が気ではないわけです。定期的に車を降ろされては、森の方向を指差して「あれはすべて竹だ」と竹職人に力説されるのですが、まあ、どこからどう見ても竹でして。竹以上でも竹以下でもないわけです。

むしろ、その反対側の森に生えている黄色い物体に思わずイトウとふたりで「あぁっ！　あれバナナじゃない!?」と無駄にテンションが上がってしまい、関係者一同は明らかに困惑した様子。これぞ「木を見て森を見ず」ならぬ「バナナを見て森を見ず」です。で、バナナをうれしそうに眺めている自分のことをうれしそうに眺めているのが先ほどのオカマちゃんです。これぞ「オオキを見て森を見ず」です。

「大丈夫。明日、ボクについてきたら甘いバナナを食べさせてあげる」と言われても素直に喜べるはずもありません。竹山ツアーの後は「竹づくし料理」です。これってデザインに関係あるのか？　と思いつつ、シナチクみたいなものからチマキみたいなものまで次々と食卓に並びます。こんな展開になるんだったら、よほど「牛肉を使った家具」でも依頼されたかった、と思う始末です。

そして翌日以降は竹職人の工房を10軒ほど見学をして合宿は終了です。充実感に満ちた竹職人と政府関係者たち。ところが、その表情を一変させることを数週間後にやっちまったわけです。

それはプレゼン当日。自分が提案したのは「いっさい竹を使わない、スチール製の椅子」でした。ガビーン、ですよね。向こうの立場からすると。「コイツら、マジでバナナしか見てなかったんじゃないのか」的な空気が流れる中……、「竹」そのものには優位性はなくて、それを加工する職人の「技術」にこそ価値があることをまず説明しました。

　そして、その具体策として、どこでも安価で手に入り、竹と同じように空洞の筒である「スチールパイプ」に竹の加工技術を用いることで量産化が可能になり、台湾の工芸がはじめて工業化される、というデザインコンセプトを話したのです。一転して皆さん納得顔です。むしろ「こういう提案を待ってた」的な空気にすらなってます。そして感極まったオカマちゃんから、バナナを1房いただいてきました。

　デザイナーは与えられた条件の中でベストの回答を導くことはもちろん大切ですが、時にはその条件を少し変えることで全く新しい道筋を立てることも必要なんだと思う時があります。

　ハイリスクな方法論ではあるけれど、最終的に関わる全員がハッピーになれる「大技」のひとつかもしれません。今回で言うと、それは「竹を使わないことで竹の魅力を引き出す」ということだったのです。あるいは「森を見て木を見ず」とも言えるのかもしれませんが。

photo: HAYASHI Masayuki

bamboo-steel chair

プレゼンが苦手な理由

週3回くらいのペースでクライアントにプレゼンしてます。それでも一向にプレゼンがうまくならないのが不思議でしょうがないです。特にプロジェクターを使ったプレゼンが苦手で、いつもA４くらいの紙に印刷して、ちまちまと机に並べて見せてます。

苦手となった原因は学生時代に遡るのですが、卒業がかかった修士論文の発表会の時にパワーポイントの全ページがなぜかリンク切れしてて、全く何も映らない事態に陥りまして。暗闇の中、30分間トークのみで建築の計画案を語るという、軽くアバンギャルドなプレゼンになったわけです。それでも卒業させてもらえたのは早稲田大学の懐の深さといいますか、小さな奇跡としかいいようがありません。

そんな出来事がトラウマとなったのですが、ほかにも使いたくない理由はあります。まずは、部屋を暗くしちゃうので相手の顔が見えないんですね。こっちとしては相手のわずかな表情も大事な情報源なので、これはマズイのです。紙だと、相手側が大人数であっても資料を見ようと集まってきてくれるので全員のリアクションが一目瞭然です。しかも、こうした「ガヤガヤ感」があるほうがこちらが話している最中でも相手が割って発言しやすいようで、よりストレートな意見が引き出せるのです。

プロジェクターのもうひとつの問題点は、見せる順番が決まってしまっている、ということです。例えば「A案の反応次第ではB案を出すのを止めよう」とか、「見せる順番を逆にしよう」といった、とっさの変更もできないし、複数の案を並べて比較することもできません。CGや図面以外にも模型や素材サンプルなど、プレゼン時のツールはいろいろあるので、それらを同じタイミングで見せられないのも窮屈なのです。

少々プロジェクターの話に偏ってしまいましたが、とにかくプレゼンには柔軟性が大事だと思っています。事前準備もそうです。ツールの種類や提案する数も毎回異なります。何十種類ものバリエーションを並べることもあれば、いきなり現物をひとつだけ持っていくこともあります。このように、できる限り相手に対して柔軟に表現方法をチューニングすることで、イメージを共有してもらうことを心がけているわけです。配布する資料もそうで、文字要素は極端に削ぎ落とします。単純なスケッチやキーワードだけにすることで、相手にも積極的に想像を膨らましてもらったり、プロジェクトの「空気感」のようなものを感じとってもらうことを心がけてます。

チーム全体が同じイメージを持って、同じテンションで、同じ方向を向いていないと、モノづくりの長い過程のどこかで必ずグラついちゃうのです。そのためには当然、自分自身が全体像を最も把握し、最終的な完成形を誰よりもクリアに見えていないといけないのですが、困ったことに自分でもイメージしきれないデザインというのがあります。

新しい素材や技術を使う場合や、職人さんのフィーリングにお任せする場合など、「作ってみないとわからない」ようなモノづくりです。そういうものの魅力を人に伝えるのは至難の業です。10月にロンドン、11月にニューヨーク、12月に東京、1月にパリと、4都市で個展を予定しているのですが、そこで見せる作品の中に、黒いアクリル板を使った本棚があります。これはグリッド状の棚を3層ずらして接着することで、置かれた本が蜘蛛の巣に絡まって浮いているかのように見えるものです。そして、アクリルの映り込みによって本棚の反対側の景色が万華鏡のように拡散される、という視覚的な効果も特徴です。

実は、これは自分でも予想していなかった効果で、ギャラリストからも「プレゼン時よりも現物のほうが良い」と、喜んでいいのかどうか微妙なコメントをいただいたわけです。毎回、新たに出会う人に新しいアイデアを伝えるためには、その都度新しい「伝え方」が必要になります。まして、想像のつかないものを伝える方法を見つける作業はさらに難航します。

何回も同じことを繰り返せば上手になるのかもしれませんが、毎回が「初体験」のことです。だから全然プレゼンがうまくならないのもナットクなわけです。というのが本日の言い訳でした。

photo: HAYASHI Masayuki

scatter shelf

少々、矛盾していますが「予期せぬことをいかに予測できるか」が、常にデザイナーに求められます。過去のデータを分析してロジカルに予測するマーケティング手法とは少し違い、過去の事柄を感覚的にとらえながら、今の状況や時代の空気感とうまいことブレンドして、半歩くらい先の未来をイメージするのです。そして、それを具現化するのがデザイナーです。だから「明日、何が起きるか」というふんわりとした雲のようなイメージを、常に頭の片隅に保持しながら過ごしている人種なのです。

具体的なプロジェクトに取り組む際にも、ラフなシナリオはあっても、詳細な「筋書き」を書くことは極力避けなければなりません。どんなに事前準備をして臨んでも、イレギュラーな事態はたいがい発生するからです。

最近、ペーパークリップのような形をしたUSBメモリーをデザインしましたが、こんなちっちゃなモノでも、当初想定していた金属素材が途中でNGになったり、サプライヤーの都合でUSBの種類が変わって設計をしなおしたり、クリップの柔軟性と強度の問題で直前に素材の再選定と形状の修正が行なわれたり、と様々な細かいことが次々発生します。

この場合はそこまで想定外のことではありませんでしたが、プロジェクトによっては「えっ？」となるようなことは少なくありません。「7対3」くらいでしょうか。7は予測できます。でも、3は何が起こっても不思議ありません。いきなり納期が1週間縮まる。社内会議が通らないで予算が半分になる。そもそもの前提条件が180度変わる、など。なんでもありえます。でも、「3は必ず何かが起きる」って気持ちでいられると、その「何か」が起きてもそれなりに対処できるものです。そして何も起きなければ「ラッキー」というだけのことです。

そういう気持ちの余裕や、対応する引き出しがあるかどうかが、デザイナーの力量とイコールなんじゃないか、と思ったりします。キレイなCGが作れたり、技術的な知識を持っていたり、といったことは、素人がわかるほどの大差はありません。社会で活躍している人はみんな一定以上のレベルですから、専門性に違いはあれども、それは優劣の問題ではないですし。やはり「不測の事態の対応能力」に差が出るんだと思います。

困ったことに、こういったことはなかなかガッコウでは教えてくれません。自分も過去にいくつかの大学で建築設計やプロダクトデザインの教鞭を執りましたが、簡単に言うとガッコウで教えてくれることはサッカーの「PKの練習」みたいなものです。

止まっているボールを蹴ってゴールに入れるくらいのことはできるようになりますが、そのまま卒業していきなり社会に放り出されるとイレギュラーの多さに戸惑っちゃって、全く実力を発揮できないのです。ボールは不規則に動きまわるし、チームメイトと連携を取らなきゃいけないし、相手に散々妨害されるわけですから。しかも時には雨で地面がぬかるんだり、多少のケガや体調不良でも試合に出ないといけません。で、夜な夜な飲み屋に行っては「あの時倒されなければ点を決めてた」と言うんです。でもそれって「倒されながら点を決める」ためのトレーニングやイメージができていないだけの話なんですよね。

残念ながらガッコウでは条件が整った課題を出して、「キレイな勝ち方」しか教えないから、まじめで成績が優秀な子ほど気の毒なことになっちゃうんです。まさかの「稽古場横綱」の量産態勢です。何せ世界のデザイナーたちは老獪《ろうかい》です。体勢を崩されながらもどんどんシュートを打てますし、悪い状況を一変させるような馬力も持っています。むしろ、その悪条件を皮肉たっぷりに活かしちゃったりする猛者もいます。

これはデザイナーと仕事がしたい企業が海外にはたくさんあることに起因しています。それってつまり「試合数」が多いわけですから、たくさんの試合を経験して、トライアンドエラーを繰り返す過程でデザイナーが成長していくようなシステムになっているのです。

一軍の試合に出られなくても、「二軍プロジェクト」がざくざくあります。だから、若いデザイナーでも「泥仕合」には慣れっこです。自分もそこで揉まれて、今ではすっかり泥まみれなわけですが……。

DATA clip

photo: IWASAKI Hiroshi

うさぎデザイナーと亀デザイナー

前回は「デザイナーの育成」の難しさについて話しましたが、「じゃあ、どうすりゃ育つのさ?」いう至極当たり前の疑問に、いつもながらのだらしない文章でお答えしたいと思います。

簡単に言うと、ガッコウの勉強はほどほどにして、若いうちからひとつでも多くの「実社会のプロジェクト」に携わるべき、ということになっちゃうのですが……。その大前提があって初めてデザイナーの育て方、という話ができるわけです。

そして、それはセンスとかスキルとかの問題ではなくて、最初にその人の性格やモチベーションをどう見極めるかでほぼ決まるんじゃないか、という気がします。

当然のことながら、人には得意不得意があるわけです。そしてその人の長所を伸ばすべきか、はたまた短所を補っていくべきか、というのがコーチングの大きな分岐点であることは誰もが知っています。短所が足を引っ張ることで長所が活かされない、という説もあれば、短所を差し引いても余りあるくらいの圧倒的な長所の育成の必要性を唱える者もいるわけです。

ことデザイナーに関しては後者のほうがうまくいくようです。デザイナーを志す若い人たちはそもそも、お金や社会的地位といったもののためではなく、そのほとんどの人が純粋に「デザインが楽しい」からやっています。となると、短所を補うプロセスが大抵「楽しくない」ことを考えると、好きこそ物の上手なれ、じゃないけど、「楽しいこと」や「得意なこと」をどんどんやるほうがクリエイティブな人間は成長するようです。

さらに、この職業特有の事情も関係しています。デザイナーは物事を人と違う視点で観察したり、異なる切り口を探すのが仕事です。つまり、「人と同じ」ではマズイわけです。能力のバランスの良さよりも、長所を伸ばしていって「その人ならでは」の武器を身につけちゃうほうが差別化が容易、ということになるのです。

また、長所と短所以外に、デザイナーには「覚醒型」と「階段型」という2種類の成長スタイルがあります。要は「うさぎと亀」的なことなのですが。「覚醒型」はひとつのキッカケを掴んだ瞬間にそれまでとは別人のように能力が飛躍するタイプです。メカニズムとしては、そもそも内在していた能力の「出力端子」を発見した、ということのようです。そのキッカケは「たまたま」なことが多いのが現実です。なので、「黒ひげ危機一髪ゲーム」のように「当たり」が出るまでナイフを刺し続けることになります。本人の興味のあるなしに関係なく、とにかくいろんなことを経験させるわけです。そして、このタイプはどこまでも高い理想像をイメージさせ続けることも重要です。長きにわたる「潜伏期間」による精神的な落ち込みの防止と、何よりも視線を上げることで覚醒時の飛距離がさらに増すのです。同時に、目線を下げないことがこのタイプにありがちな「スランプ」の克服にも繋がると考えるからです。

「階段型」は一歩一歩上る階段の段数をどこまでも細分化するようにしています。つまり遠くの理想像を見るのではなく、足元の現実に意識を集中させるのです。10段で上れる段差をさらに細かくして100段くらいにしちゃいます。一段一段を噛みしめるように、フォームを体に定着させていくのです。本人の中で「また今日も自分が成長した」という小さな成功体験を1回でも多く実感することが最も大切なのです。それが「明日の一段」を上るためのモチベーションになるからです。

とまあ、こんなことをたまに考えながら仕事をしていると、社内の若いデザイナーたちの成長の早さに驚くことがたびたびあります。扉をぱかぱか開いて新たな能力が次々と飛び出してくる感覚です。

それと良く似たイメージのお店のインテリアを最近、京都で手掛けました。小さな洋服屋さんなのですが、所狭しと「扉」があるデザインです。そもそも扉がたくさんあるような物件だったので、いっそのこと「扉づくし」にしてしまえば、という発想から生まれました。

扉の中が鏡だったり、別の扉からは棚やハンガー、陳列台などが飛び出していたりと、お客さんが次々と新しい発見をしていくような場所です。ただし、そのうちいくつかはフィッティングルームの扉なので、うかつに開けないようにご注意ください……。

問い合わせ先／indulgi　www.indulgi.com

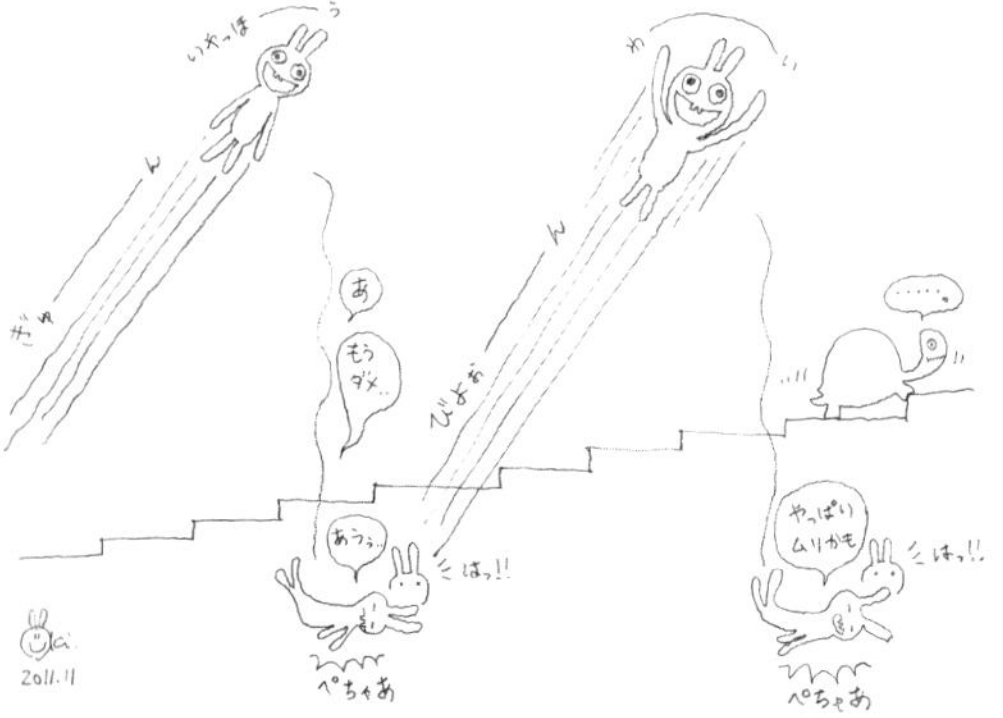

photo: ANO Daici

indulgi

粗削りなトモダチ

相変わらず友達がいない自分ですが2か月に1回ペースくらいで食事をする知人が最近できました。お互いを「オトモダチ」と呼んでいいのかどうかギリギリの、左ジャブをチマチマと差しあっているボクシングのようなカンケイです。華麗なフットワークでお互いを無駄に翻弄し合い、間合いが詰まった途端にクリンチ、その連続です。明らかにこのままダラダラともつれて判定ドローです。つまり、全く見ごたえがない試合展開ということです。

その相手というのは日清食品ホールディングス専務の安藤さんなのですが、カップヌードルを発明した安藤百福さんの孫というだけのことはあり、ラーメンを年間2000試食以上しても、平然としている猛者です。

彼の体内を流れる血液はたぶん豚骨ベースです。本人曰く、乾燥中の麺に指を触れただけでその含水率がわかるという、まるで「簡易版サイババ」のような超人的な指先の持ち主らしいのですが、その信憑性に懐疑的な自分は、2人でいる時にたまたま道端に乾燥中の麺でも落ちていないか、といつも足元を見ながら歩くようにしています。

同い年ということ以外にこれといった共通事項も知り合いも趣味もないのですが、

意外とウマが合うようです。彼についてあまり深く言及すると日清食品の株価が大暴落しかねないのでここでは差し控えさせていただきますが、一度「やる」と決めたら脇目も振らずに暴走する、漫画の主人公のような性格です。それは別にいいことなのですが、その肝心の「やる」と決める内容が全くの的外れなのです。ＣＭでジャミロクワイやボン・ジョビなどにカップヌードル～♪と歌わせたかと思ったら、先日も横浜に「カップヌードルミュージアム」なる一大スペクタクルを実現させてしまったＡ級戦犯です。一言で形容すると、ただの危険人物なのですが、その粗削り感が痛快なのです。

デザインにおいても「粗削り」というジャンルはあります。海外デザイナーに多く見受けられ、特にオランダやイギリスに多く生息しています。品質や緻密さにこだわる「プロ野球」が日本のデザインとするならば、骨太のコンセプトをアッパースイングで力任せに振り回す「メジャーリーガー」という感じです。まさに三振かホームランです。デザイナーのマーティン・バースは、学生の頃に作った表面を燃やしてボロボロに炭化させた家具が大手家具メーカーから商品化され、大ヒットしました。ぽんぽんと世界中の美術館に収蔵されて、あっという間に20歳そこそこでトップデザイナーの仲間入りです。そこには細部の完成度といった考えなどありません。焼くのみ。ちょっとした放火魔かバーベキュー奉行くらいのテクニックです。

つまり「完成度の高さ」と「デザイン性の高さ」はあまり関係が無いのです。粗削りなデザインはいろんな意味で隙だらけなので、受け手側に多様な解釈の余地を与えてくれます。そういう広がりのあるデザインなのです。決してアイデアがおもしろければ完成度が低くてもいいというわけではないですが、曖昧な要素を削ぎ落としすぎているデザインを見ると少しもったいないなあ、と感じるわけです。

　前述したカップヌードルミュージアムのオープニングに合わせて、ショップのためにグッズをデザインしました。安藤さんが好きにやっていいというものだから、好きにやらせていただきました（笑）。本来は食べた後に捨てられてしまうカップヌードルの紙容器を、まるでお椀のように職人の手によってひとつひとつ漆で仕上げてもらいました。「使い捨て容器」と「漆のお椀」。どちらも日常生活で見慣れたものだけど、両者のわずかな共通因子を繋ぎ合わせることで、新しい価値が生まれるデザインです。工場から届けられた紙製容器に直接漆を塗る作業は想像以上に大変で、ところどころボコついていたり、ムラがあったりします。でも、その粗削りな感じが、均質な大量生産品では決して味わうことのできない、手作業の温もりや、モノへの愛着を抱かせるための大切な要素なのです。

　そして、たぶん安藤さんの粗削り感もこれと同じ類いの魅力を伴っているのかもしれない、と思うわけです。

問い合わせ先／カップヌードルミュージアム　www.cupnoodles-museum.jp/

photo: IWASAKI Hiroshi

cupnoodle urushi

モノづくりの街として知られるベネチアには、毎月足を運んでいます。観光客を尻目に、駅前のビジネスホテルにさっさとチェックインを済ませると、その脇にある「華僑飯店」という怪しい中華料理店に必ず行きます。

黒人男性が入り口で「ニーハオッ！」と叫び、店内に入ると中国人が「ボンジョルノ」と気だるく言ってくる、まんべんなく間違いだらけの店です。今日は珍しく客が入っているかと思ったら、たいてい店員の親族か、間違って入ってしまい困惑しているカップル風の日本人観光客です。入り口付近の「いけす」には新鮮な食材ではなく、酸欠気味の金魚とタニシが入ってます。そこからほのかに香る「ペットショップ臭」が、自分をメニューの魚料理のページから遠ざけます。ところが肝心の料理を食べてみると意外とおいしい……と言いたいところですが、普通にマズいです。味の系統はだいたい3パターンに集約されるため、バランス良く注文しないと全皿同じものを食べ続けるハメになります。メニューもまたアジアを十把一絡げにした間違いだらけで、「野菜のてんぷら」と「マーポトーフ」が一緒に並び、「イカとピナッツ辛炒め」という脱力な脱字ものまでバラエティーに富んでいます。

この料理店以外にも、出張先で食べる場所はだいたい決まっています。そして、これらのお店の共通点としては、いずれもたいしておいしくないことです。でも、どことなくお店の人が楽しそうにしているので、それなりに居心地良く過ごせたりするのです。これに通ずる話として、自分はデザインの才能はさほど無いのですが、とにかく楽しんでやっています。どんな仕事も楽しめます。これは天から授かった唯一の才能かもしれません。デザインは1人ではなく複数の人間と一緒に進めていく、いわば団体競技です。

つまり、周囲をプロジェクトに「巻き込んで」いかないと何も実現できません。極端な言い方をすると「センス」などと一般的に呼ばれているものはトップデザイナーもちょっと気の利いた学生もそう大差が無いわけで、むしろプロジェクトを牽引《けんいん》していく「巻き込み力」にこそ大きな差があるのです。

どんなにおもしろいアイデアも実現できなければ、そこには社会的価値がありません。だから、これはとても大切な能力なのです。やり方はいろいろあると思いますが、自分の場合は、常に自分が感じている「楽しさ」を包み隠さず相手に伝えるようにしています。自ら発したギャグに1人でウケちゃっている人みたいで、少々イタイ感じもしますが、「何がおもしろいのか俺にはよくわからないけど、ここまでデザイナーがおもしろがっているなら、ひょっとしたら良いアイデアなのかもしれない」と、とんでもない勘違いを周囲がしてくれるわけです。それが自分にとっての「巻き込み力」なのです。

春先から数か月間、台湾で個展が開催されていたのですが、ここの会場は通常のギャラリーのようにシンプルな真っ白い空間ではなく、来場者が展示作品と同時に空間自体も楽しめるようなものにしたいと考えました。

そこで、魚眼レンズを覗きこんだような不思議な感覚になるスケッチで空間全体を仕上げようと試みたのですが、いざスケッチを印刷したシートを貼ってもらうと、施工精度が悪いせいで継ぎ目だらけなのです。しかも、現場を取り仕切っている無愛想な渡辺正行似のおばちゃんに貼り直しをお願いしても、面倒くさがって一向に動いてくれないのです。

そこで、油性ペンを買ってきて、自ら床や壁に直接スケッチを描いてみることにしました。実際にやりはじめてみるとこれがなかなか楽しく、気づいたらあのベネチアの黒人店員ばりのハイテンション状態です。はじめは呆れて見ていた渡辺正行も深夜2時を過ぎたあたりから油性ペンを手にとり、明け方頃には総勢7人くらいの人たちが手伝ってくれて、なんとか翌日のオープニングまでに無事間に合わせることができました。仕上がりを見た渡辺正行はすっかり上機嫌で、パーティー中も自分の隣にピタリとくっついて離れません。後で聞いた話では、このおばちゃんは結婚願望ギンギンの独身らしく、自分はこの一件以来、完全にロックオンされているそうです。周囲を巻き込んだ結果、現場はなんとか乗り切ることができましたが、同時に面倒なことに巻き込まれてしまったようです。

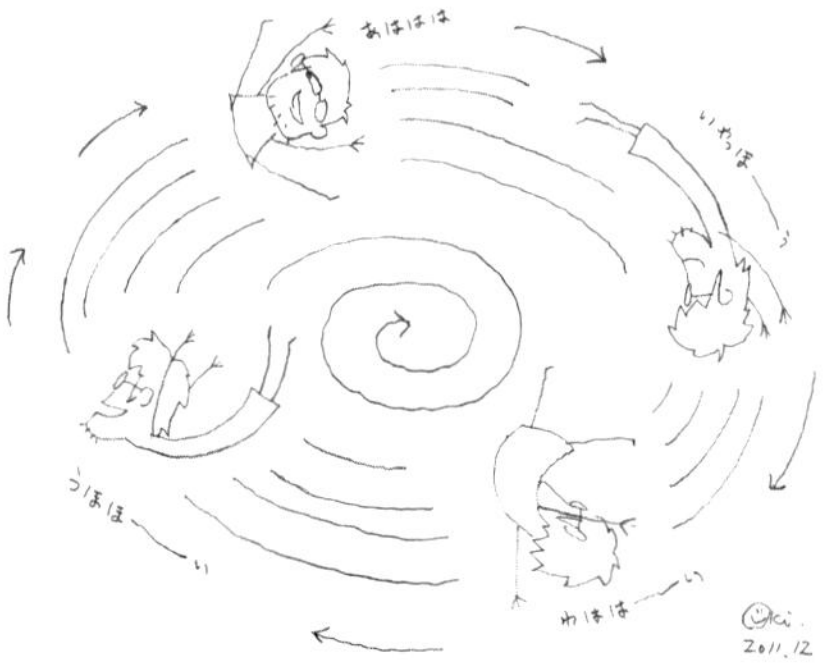

photo: ANO Daici

dancing squares in Taiwan

のぞみさんとトウベエさん

何年か前に式根島に小さな住宅を設計したことがあります。式根島は伊豆諸島に属する人口600人くらいの小さな島です。依頼主はのぞみさんという若干不思議ちゃん系の独身女性で、突発的に島に移住したくなったらしいのです。

後日、島を訪れたら敷地の真ん中にすでに家の「基礎」ができているのです。一体どういうことなのかと確認すると、「気づいたらできてた」と言うのです。ニキビじゃあるまいし、自然発生的に「できる」ものなのか。その原因を聞くと、「トウベエさんがやってくれた」と。「日本むかし話」的な展開になってくるわけです。

「?……トウベエってなんですか?」

「島の大工さんです」なんて話をしてたら、待ってましたとばかりに噂のオッサンが現れるわけです。「トウベエです」と手渡された名刺にはどこにもトウベエと書いておらず「山本」の姓が。「山本さん……でしょうか?」「いえ。トウベエです」。次のジェット船はいつなんだ、と。今すぐ帰らせてくれ、と。自分の中の「何か」がプッンと音を立てて切れたのがわかりました。

と、そんな感じでプロジェクトがスタートしたのですが、のぞみさんの要望は至ってシンプルなものでした。島に児童図書館がないので、子供たちが自由に出入りして本を読める部屋さえあれば、ほかは何もいらない、というわけです。図書室は極力オープンな空間にしたいとのことだったのですが、独身女性の住まいであることを考えると、セキュリティーやプライバシーをしっかりとケアしないといけません。この「開いた空間」と「閉じた空間」をそれぞれ2棟に分けて建てればなんら問題もないのですが、誰かさんが早まって基礎を作っちゃったのでそのあたりの融通が全く利かないのです。

この相反する条件を解決するために考えたのが、「閉じた住宅の中に開いた図書室を作る」のではなく「大きな本棚を作って、その内側に住宅を入れる」ことでした。本が外にむき出しの状態になると島の人たちも気軽にアプローチしやすいし、ここまで「ノーガード」だと、田舎に置かれている「無人野菜売り場」のように、そうそう盗まれることもないと考えたのです。

もちろん、島の厳しい自然条件に本が耐えられるようにガラス戸や雨戸で閉じられる設計にはなってます。そして、本棚の背板は半透明な素材を使うことで、家の中の光をボンヤリと外に照らします。逆に昼間は外からの視線をカットしながら、本の影によって生まれた「木漏れ日」のような柔らかい光が室内を満たします。

一度手にとられた本はもとの場所に戻されることは稀なので、本の配置が日々変化して建物の「表情」となる、というコンセプトです。

このアイデアをのぞみさんは大変気に入っていただいたのですが、現実的な問題は山積みです。島には無い材料や機器をフェリー船で運ばないといけないため、ただでさえ低予算なのに必要以上にコストがかかることがわかったのです。

なので、島で入手できる素材しか使えないのです。さらに、どうやら自らを「トウベエ」と呼ぶこの中年男性こそが島にいる唯一の大工らしいという新事実。これが何を意味するかというと、彼に「できること」そして彼が「やりたいこと」しか工事してくれないのです。この日をもって、彼は「絶対神」に昇格です。本棚のエッジのデザインひとつとっても、様々な案と一緒にお酒を持って何回もお願いをしに行かないといけません。彼が二日酔いになると工事は一切ストップします。少し目を離した隙に「トウベエアレンジ」が施されます。その修正をお願いするためにまた飲み会です。

ところが、いざ出来上がってみると、島にある素材と技術を使ったためか、何十年も昔からそこに佇んでいたかのような、驚くほど島の景観に溶け込むデザインに仕上がってました。家のまわりには本を読む人たちの姿が見られ、全国各地から送られてくる本たちによって建物は彩られていきました。

それからわずか数年後、のぞみさんは病を患い、若くしてこの世を去ってしまったのですが、その後もトウベエさんによって定期的に補修がされ、彼女が愛したたくさんの本や人々の居場所であり続けているのです。

生前に植えた野菜やハーブは育ち、まるでそこに集まる鳥や虫たちに見守られるようにしながら、この小さな家は今でも美しい島の風景の一部となっているのでした。

photo: ANO Daici

絵本の家

人は誰しもミスが怖いものです。社内の若いデザイナーを見ていると必要以上にミスを恐れている人が多いことに驚きます。責任感が強い人ほど考えすぎたり萎縮することで、信じられないようなミスを起こすわけです。

そして、動揺してまた似たようなことを繰り返していくうちに恐怖心がみるみる膨れ上がっていくのです。典型的な空回りですね。社内にはそういう人間が多いので、膨大なエネルギーで空回りしていることに気づきます。日本を代表する新進気鋭の空回り集団です。そこで、この事態をなんとか打開する方法を考えるわけです。

まずは直球で「ミスをしないで」と言ってみるのですが、あえなく失敗です。謎の液体が入ったコップを手渡されて「とても安全でおいしいから飲みなさい」と言われるようなものです。余計に怖いです。そこで思ったのが、ミスの重大度を段階ごとにわけて、軽度なものはむしろ積極的に受け入れていく、という方針です。1日1回のミスを義務づけるくらいの感覚です。仮にひとりの人間の生涯における「ミス発生総数」が決まっているとするならば、なるべく「若いうち」に、できるだけ「軽度」なもので済んだほうが良いであろう、というやや強引なロジックです。つまり、早めに慣れさせておくことで免疫ができて重度なものの発生率を抑える、という水際作戦です。そして、日常化したミスによって余計な恐怖心が軽減され、のびのびと仕事をすることによるプラス作用に期待する、というものです。簡単にいうと「ミスの予防接種」です。ここまでが第1フェーズです。

徐々に「ミス慣れ」してくると、今度はミスをどうマネージメントするか、という段階に入ります。一見、ミスが全く無いように見える人は事前にワーストシナリオを想定し、先回りしておくことで重大ミスを阻止しているのです。

モノづくりをする人と数多く接していますが、やはり「一流」とされる人たちはその制作の技術はもちろんですが、作業をする前の「下ごしらえ」や周辺を保護する「養生作業」が優れているのが共通してます。作業内容を少し変える時にも、それに応じた下ごしらえや養生をし直す手間を惜しみません。「そこまで気にするのか」と舌を巻くことがしばしばです。さらに、こういった人たちは、万が一予期せぬ事態が発生した場合にも「いかに傷口を広げないか」という対策に余念が無いのです。慌てずに手際良くリカバリーします。結果的にこの「予防力」と「復元力」の2本柱によって表立ったミスは無いように見えるのです。

さらに高いレベルとして、「ミスをミスに見せない技術」があります。起こしてしまったミスをあたかも外的要因による不可抗力のように扱い、瞬時の判断でプランに組み込んでしまうのです。だから、第三者からするとすべてがシナリオ通りに見える、というカラクリです。仮に絵を描いていて、上からコップに入った水をこぼしてしまったら、それを拭き取るのではなく、こぼした水を活かした表現にすることで一層魅力的なものにしてしまうわけです。仮に自分でコップを倒しても、風が吹いてコップが倒れても、それは同義なのです。要はミスすらをも自分の味方につけてしまう機転と柔軟性が肝心なのです。

以前、これと似たようなキッカケで生まれた作品がありました。ある会社の工場見学をさせていただいた時のことです。その会社の得意とするのは、サビや汚れを描くことで年季が入っているように見せる「エイジング」であったり、車のインテリアのために樹脂の上に木目を描く技術でした。たまたま失敗して作業の途中のまま捨てられている部材が、工場の床に転がっていたのです。

それを見て思いついたのが「脚が消える木の椅子」でした。背もたれと座面は木で作り、脚は透明なアクリルの上から特殊塗装によって全く同じ木目を描いてもらいました。一部はアクリルが剥き出しのままなので、ある意味完全な形ではないのですが、逆にその技術のすごさが浮かび上がってきます。そして、その表現を発見するキッカケは、工場の見知らぬ職人さんの小さな「ミス」だったのです。

そんな自分のみならず人のミスをも味方にするデザインの技術を磨くべく、今日もまたミスを連発してクライアントに叱られるのでした……。

あのぉ…
イスの脚もそうですが、
最近自分の存在感が
薄いような気がするんです。
それはサトウさんの
問題でしょ。
はい。
職人さん
2012.01

photo: HAYASHI Masayuki

fadeout-chair

nendo的グローバリズム

まだまだ出張の日々が続いてます。毎年恒例の「世界一周出張」を昨年は2周し、月の半分くらいは世界各地を転々としてます。空港から打ち合わせ先に直行し、すぐさま別の都市へと移動するので、観光をしたこともないし、おいしいレストランやオシャレなホテルなど、サッパリわかりません。ローマに数回行ったことがある気もしますが、家具工場の記憶しかありません。ミラノにはほぼ毎月行ってますが、『最後の晩餐』がどこにあるのかも未だに知りません。

そんな弾丸出張の極みとしては、朝イチで羽田空港を出発して、北京の内装工事の現場を確認してからそのまま深夜に羽田空港に帰ってくる「日帰り北京出張」がありました。パリや香港も数時間だけ滞在したことがあり、「パリは寒かったですか?」と聞かれてもほとんど外出していないから、「はて……どうでしたかね……?」と完全にモウロクジジイ状態です。空港に降り立って、回転寿司のように回っている旅行カバンを眺めながらフト自分がどの都市にいるのかわからなくなることが頻繁にあります。海外のタクシーの扉を閉め忘れて怒られ、日本のタクシーの扉を開けようとして怒られます。そして、右ハンドルか左ハンドルかわからなくなってタクシーの運転席に座りそうになります。氷点下3℃のプラハから33℃のシンガポールに移動した時はさすがに体がオカシくなるかと思いました。這うように日本に生還しても、出張と出張の合間が2週間くらいしかないと、東京も出張先のような気になってきます。そんな中で日帰り「東京→京都→岡山→横浜→東京」は血尿の兆しアリです。

常にヨーロッパのメーカー40社以上と工業製品の開発をしながら、自主制作作品をほぼ毎月ギャラリーや美術館で発表し、ミラノで2店舗、香港に2店舗、ロンドン、パリ、ベルギー、イスタンブール、シンガポールなどでもインテリアの仕事を同時に進めながら、国内でも同じくらいのボリュームの案件が並行して動いていると、このような無惨な生活になります。

何もそこまでやらなくても……と思う人もいるかもしれませんが、やはり世界のデザインのイニシアチブはヨーロッパが握っており、この完全に「アウェー」な状況で評価されるには並大抵の努力では相手にもされないのです。ヨーロッパのメーカーからしてみれば、地元のデザイナーと同等の実力では地球の反対側にいる人にわざわざ依頼する理由が無いのです。とはいえ、世界経済の変化に伴って新しい動きがあることも事実です。多くのヨーロッパ企業がアジア市場をこれまで以上に意識しているし、そのためアジアを拠点にしたデザイナーと協働することへの期待も高まりつつあります。

また、閉塞感のある国内市場にシビレを切らして海外進出に活路を見出そうとする日本企業も少なくありません。例えば、日本のクライアントのためにニューヨークのエージェンシーと組んで、パリでプロジェクトを進める、ということが発生し始めているのです。

このように複数の地域をまたいだプロジェクトには多様なコミュニケーション能力だけでなく、デザイン表現もこれまで以上に緻密で多彩な技術が要求されます。つまりこれまでのような「大技」だけでは立ち行かない時代へと移行しつつあるのです。

どっしりと構えたがっぷり四つではなく「寺尾相撲」を得意とする自分には格好の「寺尾祭り」なのです。猫だましにカウンターで猫だましをカブせにいくような超絶技巧バトルです。この新領域のプロジェクトの増加に伴い、専用の「猫だましスタッフ」を何人か育成しているし、ミラノに引き続き新たなハブとして先月シンガポールにもオフィスを立ち上げました。

先日、スペインのメーカーのためにデザインしたカーペットがインドの手織り職人によって出来上がりました。チョウとトンボの羽根を思いっきり拡大しただけのデザインなのですが、飛行機の窓から見える山脈や運河、畑や住宅地などのパターンとおもしろいくらい似ていることに気づきます。

羽根と地上の風景、一見すると全く共通項が無いように思える事柄も、実は根底で小さな繋がりがあるのかもしれません。ローカルだグローバルだ、という観念も、ひと回りしてどこかでひとつに繋がってるんだろうなあ、と時差ボケ気味の頭で思うのでした。

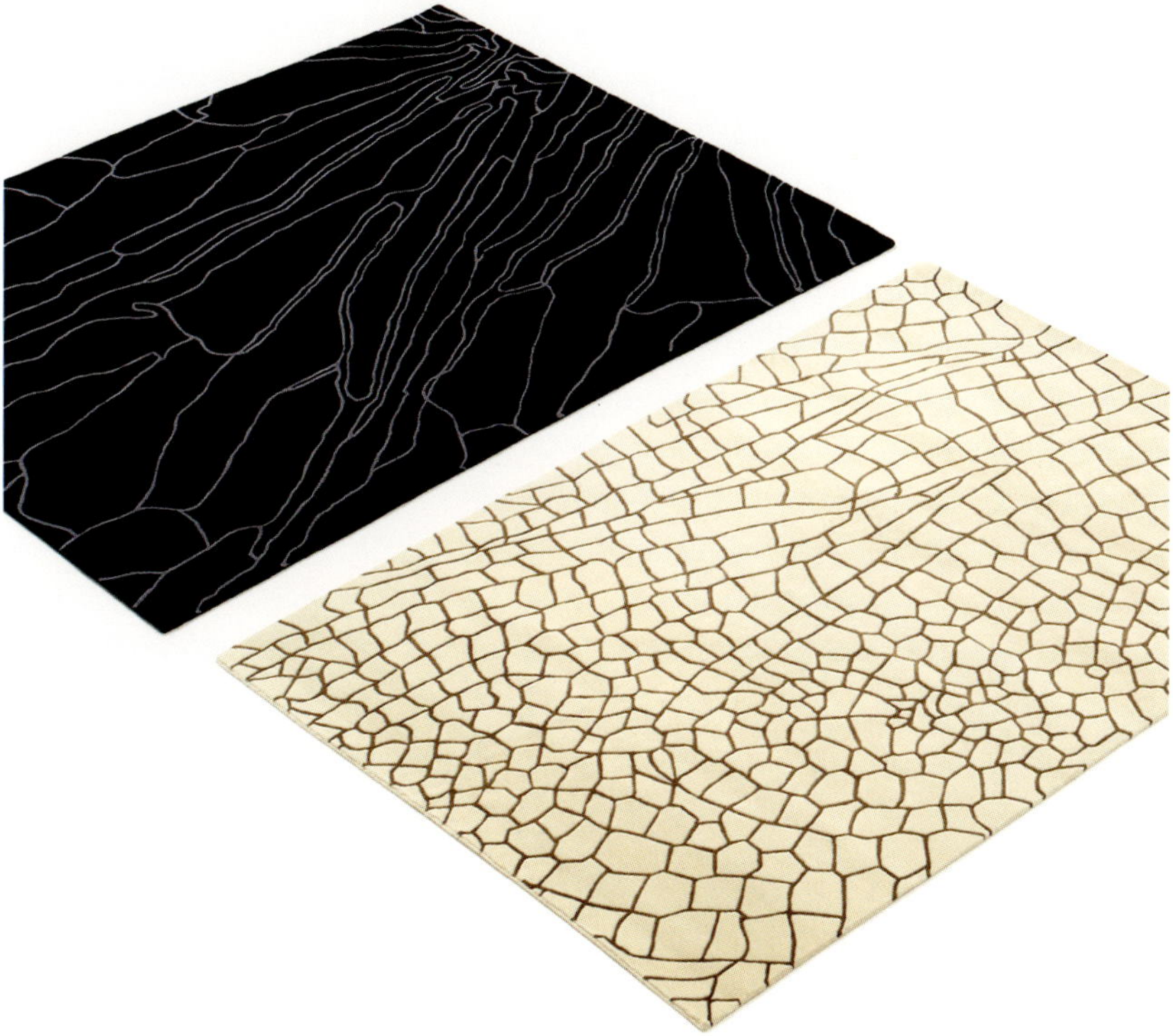

photo: HAYASHI Masayuki

butterfly/dragonfly

ついてます。

パリの街をうつむきながら歩いています。悩み事があるわけでも、斬新なアイデアを考えているわけでもなく、そこらじゅうに落ちている犬の糞を警戒しているのです。いつも下ばかり見ているので、なかなか道を憶えられません。道がわからないので、アシスタントなどに先導してもらうのですが、先導者がサッと糞を避けた瞬間に、その糞を踏むことが頻繁にあります。このように完全な死角から突然飛び込んでくる糞には対処しきれません。たまたまその奇襲を回避できたとしても、次に待ち構えているのが「その糞を過去に踏んだ人が歩き回る」ことで周囲に及んでいる付着物を踏んでしまう、という2次被害です。踏まれた糞を見て「誰かがうっかり踏んだんだ」と笑うのはド素人です。明日は我が身です。

なので、糞を見かけたら、より広域に神経を張り巡らさせる習性が自然と身につきました。それどころか、過去に踏まれた糞を見て、どのような速度と方向からその人が歩み寄り、どのようにして踏んでしまったのか、をイメージできるようになってきました。逆に言うと、それをイメージできないと完全には回避しきれません。

ちなみに、自分は軽いスニーカーを好んで履くのですが、この類いの靴は『NIKE FREE』に代表されるようにソール部分の溝が複雑かつ深いことが多いのです。糞を踏んだ日には歯ブラシを使ってもなかなか除去できません。

先日ミラノで踏んだ際は、唯一持っていたまだほとんど使っていない電動歯ブラシで泣く泣く落としました。歯垢を落とすかどうか知りませんが、犬のウンコは滅法落ちました。

話をパリに戻します。この時期は雨が降ったり止んだりと、グズついた天気が続きます。雨が降りはじめると、一瞬これらの汚物が洗い流されることを期待しますが、実は、硬化した表面が溶解することで内部の軟質な部分が外に広がり、余計にその危険な範囲が広がるのです。雨が降ることで大流出です。さらに雨足が強くなると、すべてがドロドロになり、パリの街がウンコ一色に染まったかのような感覚にすらなります。

そこで思うのがフランス人の色彩観です。イタリアのようなフレッシュでインパクトの強い色でも、北欧人のような温もりのある柔らかいトーンでもなく、複数の色が混じり合ったグレーっぽい「曖昧な色」を好むようです。

これは彼らのコミュニケーション手法にも通じます。ハッキリとしたイエスとノーではなく、難癖つけながらのイエスであったり、気をつかいながら遠回しにノーと言ったりと、「曖昧な表現」が多いのです。

どちらかというとストレートな表現を好むほかの欧米諸国と比べて日本的と言えば日本的ですが、ミスコミュニケーションが発生しやすいことも事実です。とはいえ、フランスが他国と比べて圧倒的にトップデザイナーの層が厚いことからも、デザインにおける「曖昧な表現」は世界的なトレンドのひとつと呼べるのかもしれません。「デザイン五輪」なるものが開催されたとしたら、間違いなくフランス圧勝です。日本は……どうですかね、4位か5位あたりを競う感じでしょうか……。

それはさておき。パリで2つの個展を無事開催してきました。その中の作品のひとつに、農業用のネットを熱で成型して作った照明を発表しました。それはどこででも手に入る安価な素材でありながら、金属メッシュよりも柔らかいシワが表現でき、オーガンジーのような布よりもキレイに形状を保持できる特性を持つことから、まるで空気を包むような不思議な表現が可能となりました。

まるで風呂敷のように、ものを柔らかく包み込む所作や、行灯《あんどん》や簾《すだれ》のような微妙な陰影、それと見る者に与える儚い印象はいずれも日本特有の美意識であり、日本らしい「曖昧な表現」と呼べるのかもしれません。

そんな最中、英国の『Wallpaper*』誌から「ベスト・デザイナー賞」を受賞したとの知らせが来ました。デザイン界のアカデミー賞とまでは言えませんが……カンヌ映画祭のパルムドール、みたいな感じでしょうか。

昨年はたまたま世界的に発表作品数が少なかったことを考えると、自他共に認めるラッキーパンチです。文字通り「ウンが付いている」ようです。

photo: IWASAKI Hiroshi

farming-net lamp

今日は事務所がやけにこうばしい香りがするなあ、と思っていたら、たまたま事務所に連れてきてた愛犬きなこの体臭であることに気づきまして。近くにペット用美容室があったことを思い出して、シャンプーでもしてもらおうと連れていったのです。

今まであまり気にしてなかったのですが、店名は『わんぱくチワワ』とあり、その下には「チワワ専門店」と書いてあります。きなこは残念なことにチワワとパグのミックス犬です。不安な気持ちでお店に入ったところ、店の中には檻に入れられたたくさんのプードルたちがジッとこちらを見ているのです。老犬が多いのか、全体的に覇気がありません。そのさらに奥の隅にはフレンチブルドッグが3匹ほど身を寄せ合って小刻みに震えてます。

おいおい、と。これじゃ、ウチの犬のほうがよっぽど「わんぱく」かつ「チワワ」じゃないか、と。

急に『美味しんぼ』に出てくる「海原雄山」的な「うむ。なかなか悪くない店だ」的なゆとりが生まれるわけです。ショボくれたプードルの群れを目の当たりにして、普段たるみきっているきなこの面構えも今日はいつになく精悍に見えます。ところがその時、純血のチワワのご来店です。本物と見比べてみると自分の犬がチワワとはだいぶ違うことは明らかです……。

「ちなみに、ぎりぎり5kgを超えているので1000円ほどお値段が上がりますねぇ」。確かにここ最近すっかり肥えてしまい、家畜にしか見えないことは事実です。

痩せろ。きなこよ、今すぐ数g痩せろ。今この場で脱糞してもいいから痩せろっ。心の中でそう叫ぶもののその想いは届くことなく、会計を済ませていそいそと帰宅するわけです。

自分がそのお店に求められている存在なのか、そうでないのか、という顧客心理は、デザインをする際の大きな手掛かりになります。一見すると敷居が高いように思えて、行ってみると居心地の良い場所であったり、逆に毎日のように訪れる場所なのに、いつまで経っても緊張感を失わないドライなお店造りであったり。アプローチの仕方は様々です。

昨年末にオープンした紳士服はるやまの東岡山店のインテリアは、本来のターゲットである男性顧客ではなく、あえてその「同伴者」の心理を意識したコンセプト作りをしました。既存店の課題として、いかにしてお客さんの滞在時間を延ばすか、というのがありました。

商品数の豊富さがウリの同店なのですが、それゆえ服選びに時間が必要なのです。試着までしてくれることでさらに購入率が高まるのですが、ここで大きな問題として、一緒に来店している奥さんや子供が飽きてしまって、それが原因で落ち着かなくなり、ゆっくりと試着してくれずに、結局選びきれないまま帰ってしまうのです。

そこで考えたのが、まずは隅にチマッと配置されていた試着室をゆったりとしたサイズにして、お店の中央に移動しました。そして、その試着室の外側正面をショーウィンドウにして、背面は奥さんや子供のためのカウンター席にしました。ここでお茶をしながら雑誌やテレビを眺めて、ゆっくりとくつろげるので、試着している旦那さんもじっくりと選べるわけです。

もし優柔不断な旦那さんが迷った時でも、近くに座っている奥さんの決定力に期待できるのです。やはり一家のポイントゲッターは奥さんにあり、という読みです。さらに、試着室の周囲にはアクセサリー類をちりばめているので「ついで買い」も誘いつつ、女性服の充実を図ることで、待ち時間に奥さんも買い物を楽しめるように配慮しました。つまり、滞在時間を延ばしながら同伴者を退屈させないカラクリをあちこちに仕掛けたのです。「自分には関係のないお店」と思っていたのに、行ってみたらいい意味で裏切られるわけです。うれしくないわけがありません。

このように、インテリアデザインは単に見た目がカッコいい空間を作るだけではなくて、そこに訪れる人の心理や行動を、時間軸を加味しながら総合的に設計していく仕事なのです。

そういう意味で、オモテに「チワワ専門店」と書いておきながら店内に死んだ魚の目をしたプードルを並べておいた『わんぱくチワワ』は実は相当なヤリ手なのかもしれません。

問い合わせ先／HALSUIT　www.halsuit.com/

photo: YOSHIMURA Masaya

HALSUIT

幼い頃から動物が好きで、ずいぶんといろいろなものを飼いました。いろいろ飼いたいのはいいのですが、限られたお小遣いでは水槽などの設備をそういくつも揃えられないので、おのずと異なる生き物同士の「相部屋」状態になるのですが、ザリガニとドジョウを同じ水槽で飼育したら数週間後にドジョウが骨だけになってました。カニと熱帯魚を一緒に飼ったら、熱帯魚がどことなく泳ぎにくそうにしているなあ、と思っていたらいつの間にか消えてました。どうやらカニが地道に尾ビレをカットしていたらしく、泳げなくなって底に沈むのを待ってから食べてしまったようです。ほかにもカメがカエルを食べたり、トカゲがトカゲを食べたり……試行錯誤も虚しく数多くの失敗を重ねてきました。

この「相部屋」はデザインにも当てはまります。プロダクトやインテリア空間などには、ひとつの機能に特化しているものと、ふたつ以上の機能が複合されたものがあります。厄介なのは後者で、その組み合わせの「相性」がとても重要になってきます。うまくやれば「一粒で二度おいしい」結果を生み出し、一歩間違えるとお互いの良さを殺しあう、まさに「共食い」をするデザインになりかねません。

何年か前に文房具のデザインコンペの審査員をやらせていただいた際にも、こういった「一粒で一度もおいしくない」デザインにたくさん遭遇しました。

例えば目盛りがついたセロテープ。説明文を読むと「身近なものがすべて定規になる」そうですが、そんなに定規必要ないでしょって思ったのは自分だけでしょうか。ほかにも、あぶらとり紙のフセンとか。ふたつ持ち歩かないで済むのがメリットだそうですが、使い終わったあぶらとり紙が貸していた本に挟まって戻ってきたら、間違いなくその瞬間に携帯電話からその人の連絡先を消去することでしょう。

指サックの先端が印鑑。契約書とかパラパラめくってたら全部捺印してしまいました、みたいなことにならないのでしょうか。

そして、意外に多いのが「ペン＋耳かき」の組み合わせです。ペンで耳くそをほじりたい人や、耳かきで字を書きたい人がそんなにいるとは驚きです。まるで「共食い」の見本市です。

昨年、ポルトガルのコルク製造メーカーに依頼されてフルーツボウルをデザインしました。「コルクの素材的特性を活かしたプロダクトにしてほしい」との要望に対して、真っ二つに割れたボウルを考えました。割れたボウルを磁石でくっつけ、その向きによって2種類の形の異なるフルーツボウルができる、という提案です。

ボウルに合わせてフルーツを盛り付けるのではなく、フルーツの種類や量に合わせてボウルの形を変化させる、というストーリーです。しかも、収納する時は割ったままの状態で重ねておけば場所もとらない、というオマケ付きです。

コルクが軽いおかげで磁石でもしっかりと固定することができ、ザラッとした質感によって磁石を仕込んだ跡や、ふたつを合わせた時の継ぎ目が目立ちにくいなど、何気にコルクの特性を活かしたコンセプトにもなっているわけです。

さらに、「半分」だけ製造すればいいので金型も小さなもので済み、初期コストを抑えられるため、クライアントにはエラく喜ばれました。一貫して地味ではあるものの、「一粒で三度以上おいしいデザイン」と呼べるのかもしれません。

ペットのミミズをふたつに切ったら、その2匹が交尾をして大家族になった、みたいな話でしょうか。そんなことが現実にありえるのかどうか自分は知りませんが……。

今思い出したのですが、昔いろいろなペットを飼っていた時に、ペットのエサとして小さな赤いミミズとかコオロギも脇で育てていたのです。肝心のペットは共食いによって殲滅《せんめつ》し、その一方で「エサ」はどんどん繁殖し続けたことがありました。食物連鎖崩壊です。下剋上です。

しまいには小学校低学年の妹に「お兄ちゃんはがんばってミミズやゴキブリを飼ってます」と作文で発表されてしまいまして。ゴキブリは飼ってないのに……。そもそも自分が何をしたかったのか、この状況にどう対処すればいいのかすっかりわからなくなってしまい、とりあえずそのエサにエサをあげながらため息をつく、そんな中学時代だったように思います。

photo: IWASAKI Hiroshi

parte

欧州の企業と仕事をしていると、彼らのブランディングの上手さに常々感心させられます。日本のモノづくりは依然として「いいものさえ作れば必ず売れる」という定説が根底にあって、そういう人たちからすると「ブランディング」というコトバ自体がどことなく詐欺っぽく響くようです。しかし、この「ブランディング」にこそ、世界戦略のキーがある気がします。

誰もが知っているハイブランドは、たとえどんなモノであっても、歴史的な文脈や技術と紐づけてストーリー化し、独自の世界観を醸成することで需要を生み出しています。どうやらこの考え方がブランディングの基本のようです。

これは「自分の魅力を最大限に伝えるためのコミュニケーション手法」なんだと思います。営業マンの身だしなみや、グラビアアイドルのセクシーポーズみたいなもんです。日本企業はこういった「目に見えないもの」にはなかなかお金を出さない傾向が強いですが、欧州のブランドはこのコミュニケーションのために膨大なお金をかけてます。お金を十分にかけられないブランドは時間を使ってしぶとくコミュニケーションをします。

そして、いわゆるトップブランドはこの「お金」と「時間」のどちらにもしっかり投資している、という簡単な話です。こういったブランドの製品は、他社と比較して一般の人にいつもはっきりと違いがわかるわけではありません。最高級のブランドだからといって、すべての商品がすべての人に最高級なのかというと、違うこともあるかもしれません。

　しかし、それはブランドがコミュニケーションをするうえで最適な品質にコントロールしている、というのが一番近いと思います。結局はハイスペックすぎても意味がない、という考え方なのです。じゃあ、おもしろいモノづくりができないかと言ったらあながちそうでもなくて、ブランドの世界観の範囲内にさえいれば、際立った特徴を持たせたり、思い切って一部の機能を切り捨てたりと、魅力的な商品づくりができる、一種の「聖域」となりうるのです。アップルなんかその好例だと思います。『iPod』から思い切って液晶画面を取り除いた『iPod shuffle』なんかは、アップルの「聖域」じゃなければ生まれない製品です。

　ブランド力のある企業は短期的な売り上げよりも、そのブランド力をどう維持するか、ということを優先的に考えます。そのためには軸足をずらさないようにしながら新しい要素を定期的に加えて新陳代謝を図るわけです。これにはデザイナーの能力が不可欠になってきます。だから、多くのブランドは優れたデザイナーをクリエイティブディレクターというポジションに置いて、経営者と近い立場で意思決定プロセスに参加させます。そして、時代の空気感であったり、別ジャンルのブランドを積極的に取り込むなどして、自身のブランドの活力へと変換していくのです。携わるデザイナーが著名な場合、そのデザイナーのブランド自体も取り込む対象になります。

なので、有名なブランドは有名なデザイナーと仕事をしたがりますし、デザイナーは自分のブランド力を高めてくれて、さらに「聖域」でのモノづくりを可能としてくれるトップブランドを求めます。つまり、デザイナーにとっても、自身のブランド力の維持は重要なのです。建築家のように1つのプロジェクトが何年もかかるジャンルは、一度「著名ブランド」になると安泰なぶん、なかなかそこに到達するまでに時間がかかるようです。逆にグラフィックのデザイナーなどは短期間で完成するプロジェクトが多すぎて、サイクルのバランスを保つ難しさがあるようです。

何が正解なのかはわかりませんが、今後、日本にもブランディング視点から物事を考える経営者やデザイナーが増えてくると、世の中におもしろい商品が生まれたりと、少し変わるのかもしれません。

今年のミラノサローネで、シンガポール発の新しい家具ブランド「K%」がお披露目される予定で、自分はそのクリエイティブディレクターとしてコレクション全体のデザインを統括してます。色や素材をすべて排し、構造バランスに着目した「真っ黒」な家具ばかりを13点発表します。徐々に底力をつけつつあるアジア各国の工場の技術力を最大限に活かした、シンプルなデザインです。

このブランドがどのように成長していくのか、今から楽しみです。

photo: IWASAKI Hiroshi

melt

いろいろな都市を訪れると、おのずといろいろなトイレを使用することになります。イギリスの駅や空港などでよく見かけるダイソン社製のハンド用温風乾燥機は凄まじい勢いで乾きますが、激しすぎて眼鏡が水滴まみれになったりします。イタリアの空港ではマグナムという会社の製品が多く、爆音とは裏腹に指先の水気が温まる程度の能力しかありません。ほとんどの人がトイレットペーパーで手を拭いて、指先に付着した紙くずを必死で剥がしている光景が風物詩でした。ところが馬力の高い新作を半年前にリリースしたそうで、ダイソン対抗の最右翼となるかもと個人的な楽しみのひとつです。

一方、便器のほうに目を向けると、大便器、小便器ともに北欧はひたすら背が高いことに驚かされます。自分の身長は188㎝と、海外でもそれなりに高い部類に入りますが、大便器に座ると足が浮くし、つま先立ちにならないと小便器にアクセスできません。これが電車内の小便器ともなるとリスク因子は急増します。つま先立ちだと揺れへの踏ん張りが利かなくなるのです。ここだけの話、一度、トイレ中に急ブレーキを踏まれたことがありまして。米国の庭でよく使っている芝生用の回転しながら放水するスプリンクラーを想像してもらえると、その時の惨事を想像しやすいと思います。

あと、イギリスの百貨店や、中国のホテルなどのトイレに係の人が立っていることがあるのですが、あれはいつまでたっても慣れません。常に「トイレの番人」に見張られていると出るものも出ません。用を足すとすぐに清掃してくれるのはいいのですが、そのタイムラグが短すぎて「用を足すために掃除をするのか、掃除をするために用を足すのか」という「卵が先か鶏が先か」的なジレンマがこの小宇宙に発生するのです。

トイレの「格」を測るモノサシとして、トイレットペーパー（以下トレペ）があるんじゃないかと思います。空港に降り立ってトレペを見ると、その国のレベルすら透けて見えそうな気がします。実際に透けて見えるくらい薄いトレペもあります。指で直接拭いている感触です。いや一歩間違えるとそれが現実になってたりするので気を抜けません。チェコやドイツなどは「わら半紙」と見間違うほどの荒々しさです。「拭く」というより「削る」という動詞のほうがしっくりきます。なんだかゲルマン民族です（?）。逆にクライアントのご好意で宿泊したパリの最上級のホテルでは、その柔らかさと肉厚感から、間違ってタオルで拭いているんじゃないか、と不安になった記憶があります。そんな中、トレペの厚みと質感のバランスを保ち続ける日本は立派な「トイレ先進国」だと思います。

では、日本はデザインにおいても先進国なのでしょうか。

答えはイエスです。が、それはここまでの高度経済成長を支えてきた国内の大手企業による功績で、今はその貯金を使い果たそうとしているのが現状です。低迷し続ける国内経済とアジア諸国の成長が著しい今日、国内企業の力だけによって日本のデザインの水準を維持するのは困難になってきました。

一方、海外に目を向けると企業以外にも教育機関、美術館、メディア、行政などが巧みにサポートしている例がたくさんあります。オランダでは美術館が若手デザイナーや学生の作品を定期的に買い上げるシステムや、デンマークでは公共建築物の予算総額の2％以上をアートやデザインに充てる法律があり、クリエイターの活動の場を安定確保してます。

また、パリやシンガポールなどでは活動資金の半分を補助する制度もあります。イタリアはメディア同士で連携して定期的にスターを創り出す「スターシステム」があり、これはファッション界から生まれた業界活性化の戦略のひとつのようです。そのためメディアの発言力は強く、現役バリバリのデザイナーやキュレーター、教授などが編集部に属しているケースも珍しくありません。

そして、このようなサポート制度の充実している国からは優秀な若手デザイナーが多く輩出されています。トイレの話の直後に「多く輩出」という言葉の響きはどうかと思いますが……。

最近、水の遠心力を利用した空気清浄器をデザインしました。もちろん、トイレの臭いにも効果あります。

問い合わせ先／arobō　www.aroboshop.com

photo: IWASAKI Hiroshi

arobö

見たり、見なかったり、忘れたり

デザイナーは何かを「作る」ことが主な仕事だと思われがちですが、どちらかというと何かを「見る」ことのほうが多いのが現実です。

いきなり商品を手渡されて感想を求められたり、お店の候補地を一緒に見て回ることも日常的です。アイデアを考える時も、その商品を取り巻く状況や市場の反応を観察している時間がほとんどです。

なぜなら、解決策は必ず目の前のテーブルの上に置かれているからです。それを見つけさえすればデザインはできたも同然です。

「見つけかた」は大まかに2つほどあって、そのひとつは対象物を「見ない」ことです。探し物が「確かここにあったはず」と思う場所に無いのと一緒で、「まさかこんなところに……」と思うような場所に落ちているものです。この時「ここにあるはず」という、「意識の絞り込み」が邪魔をしてるのです。これはプロジェクトに関わるメンバー全員に言えることです。コスト削減や競合商品との差別化などの局所的な要素を意識しすぎることで、その商品の本質的な魅力を見失うことがよくあります。これを防ぐためには、対象物をできるだけ凝視しないようにして、その周辺ににじみ出ている要素や背後に隠れている情報にも意識を広げることが重要です。

ふたつ目の見つけかたは「第一印象を何度でも繰り返せる」よう、常に「リセットする」ことです。人は第一印象が大切と言いますが、それと一緒で、クライアントに商品を手渡された瞬間に自分がどう感じたか、どこに意識が強く惹かれたか、というところにこそ本質が潜んでいるのです。プロジェクトが進行するにつれ、経験値が上がり、知らず知らずのうちに「当たり前のこと」が増えていきます。それと同時に「何も知らない人が初めて見た時にどう感じるか」という貴重な情報が欠落していくのです。それはモノづくりに大きな偏りを生み出します。なので、自分は覚えたことをマメにリセットするようにしてます。頭の造りは悪いほうなので、物忘れは得意分野です。インテリアの工事現場をチェックする時には、じっとしているとその状況に慣れてしまうので、常に歩き続けてイメージを定着させないようにします。デジカメでスナップ写真を撮って確認することもあります。２次元化することで「新たな第一印象」が炙《あぶ》り出されることもあるからです。

このような作業を繰り返していくと、徐々に「いろんな人の第一印象」とそれに伴う行動がなんとなくイメージできるようになってきます。真っ暗な部屋の中に一点の光があると思わずそこを見てしまうように、ある程度の予測ができるのです。これらの予測値を組み合わせながらひとつのストーリーを紡いで「空間デザイン」を作り上げるのです。これは元サッカー日本代表の中田英寿さんも、似たようなことを言ってました。彼は現役時代、ピッチの上にいながら「まるで鳥のように上空からピッチ全体が見えていた」そうで、背後に隠れている選手の位置なども全部把握してたそうです。走りながら首を振ることでレーダーのように周囲の状況をインプットするそうで、そのスキャンの頻度を増やすことで情報をコンスタントに更新し、あとは経験という引き出しによって不足しているデータを補完する、と。そうなると、ボールはほとんど見る必要がなくなるそうです。このスキルが上がると、敵味方問わず、次に誰がどこに動くのか予測ができたり、人を思った場所に移動させることすらできるそうです。それを聞いて、自分は思ったわけです。鳥の目線だったらアルシンドの頭もジダンのように見えてたんだろうな、と。

とある企画で、ハーゲンダッツから「バニラアイスの魅力を表現したデザインをしてほしい」というお話をいただき、アロマポットを作りました。アイス容器そっくりの形を陶器で再現し、その一部が溶けているようなディテールによって、それ自体がアイスのように見えてきます。アイスが口の中で溶けて、ふんわりとバニラの香りが立つイメージのアロマポットです。中で徐々に溶けてなくなっていくアロマキャンドルも、どことなくアイスを想起させます。「味覚」を「視覚＋嗅覚」によって表現したわけです。

当たり前のことだけど「バニラは香りを楽しむもの」ということと、「溶けるからこそアイスはおいしい」というふたつの「新発見」によって生まれたデザインなのです。

問い合わせ先／ハーゲンダッツジャパン株式会社　www.haagen-dazs.co.jp/

photo: Häagen-dazs

Häagen-Dazs aroma cup

以前からその傾向はあったものの、最近特にひどくなっているのが、人との会話の少なさです。仕事の打ち合わせや取材は別として、いわゆる他人と無駄話をする機会が日を追うごとに減ってます。あまりにも人との会話が少ないので、気づいたら喫茶店や美容室で隣に座っている人の会話を夢中で聞いてます。変態か変態じゃないボーダーラインすれすれの行為です。

これのアップグレード版が、不意に携帯に届く「エロメール」です。はじめはなんとも鬱陶しかったのですが、今ではすっかり楽しんでます。エロメールとメル友気分です。事務的なメールの合間に来るとホッと心がほぐれます。親近感が湧きすぎて自分のメアドにもloveかkissをつけないといけない気分になります。高額なパケット料金を課金される海外ローミング中に受信しても全然ウエルカムです。過激な内容には「お。今日はいつになく大胆だな」とか。「最近、越してきました21歳の歯科衛生士です」とくると「どこに越してきたんだ?」と疑問に思います。「保育士・結香・26歳/良かったら私と友達から始めてもらえませんか? 最近仕事が忙しくて、そんなに頻繁に会えないけど……一生懸命がんばるからっ!」とくると、目の下のクマが三重になりつつある自分より忙しい保育士って一体……と思いつつも「謙虚だなあ」

と好感を持たずにはいられません。そして、まるでガムのように味が無くなるまで咀《そ》嚼《しゃく》し尽くしたらメールを削除します。いや、最近ではお気に入りのものは削除しなくなりました。いわゆる殿堂入りです。「最近、エロメール来ないなあ」なんて思っている自分は、確実に生身の人間との会話が減っていることの揺るぎない証拠なのです。

　これとは逆に、プロジェクトに関わるコミュニケーションの量と速度は日ごとに進歩してます。そして、デザイン活動そのものにイノベーションがもたらされています。事務所内では常時30人のデザイナーが活動し、彼らやクライアントとはFaceTimeやSkype、最近導入したテレビ会議システムなどを併用することで、かなりの頻度と精度で意思の疎通がはかれます。デザイナーから『iPad』にメールが届くと「iRhino」というアプリで３Ｄデータをグリグリと回転しながら形状を確認し、気になる箇所は画像に書き出して、「UPAD」か「iAnnotate」というアプリを使って画像に直接スケッチを描いて送り返します。

　一方、社内では３Ｄデータを高速で計算処理できるように50台のＰＣをフル稼働させ、いわゆるプリンターが5種類、３次元プリンターも紙積層、光造形、切削加工の３種類の造形機を併用しながらイメージ通りの造形物を高速で生み出してます。

　Fedexなどを利用すれば基本的に中１日で世界の主要都市にどんなものでも届けられるので、自分が転々と移動する先で受け取りながらプレゼンテーションをします。このようなワークフローになると、数年前までは考えられなかった量のプロジェクト数を、多数のデザイナーと連携しながらハンドリングできるのです。ともに現代アート界のトップに君臨する、サメを真っ二つに割っちゃうダミアン・ハーストや巨大な金属製の風船を作るジェフ・クーンズなども、スタジオ内には120人以上の制作スタッフがいます。少人数でアトリエに籠もって黙々と創作活動をしないと良い作品ができない、というのは昔の話なのです。

「数を多く手掛けるとクオリティーが下がる」という、量と質が反比例していた時代は終わり、今や量と質は2段構造となりつつあります。コンスタントに量を生み出す土台があって、そこから生まれたノウハウを養分にすることではじめて質の高いデザインが開花するのです。そういった意味で、今、モノづくりは大きな転換期を迎えているのです。

今、Camperという靴のブランドのショップを手掛けてます。年明け早々にスペインのマヨルカ島にある本社でプレゼンをして、3月下旬には大阪店がオープンしました。あと数か月内にはイスタンブール店とパリ店も新たにオープンする予定です。このお店のデザインのように、ふわりふわりと世界中を自由に歩き回りながら、すごいスピード感で各地にデザインが実現されていく様子はまさに次世代型のモノづくりと呼べるのかもしれません。

問い合わせ先／Camper　www.camper.com

photo: YOSHIMURA Masaya

Camper Osaka

二冠の小心者

デザイナーという職に就いてからちょうど10年が経ちました。ガッコウを卒業して、実家の車庫にパソコンを並べて、知り合いのイベントのチラシなどを寝るのを忘れて夢中でデザインしていたのが、つい最近のことのようです。腹が減ると近所のラーメン屋さんか大戸屋に行ってました。そうそう。つい先日、大戸屋に行ってみると、店内に「かあさんが変わった！」と大きく書かれたポスターが貼ってあるわけです。それって結構衝撃的な内容ですよね。どんだけ複雑な家庭環境なんだ、と。よくよく見ると定番メニューの「チキンかあさん煮定食」がリニューアルされた、ということのようでしたが。

そして、この10年間でいろんな不思議な人にも出会いました。「困ったことがあったら、いつでも、どんなことでも相談に乗ってよ」と言ってくるおじさん、とか。えっ。コッチが相談に乗るのか？　甘えてきてるのか？　って思ってみたり。海外のパーティーでとある女性に対して突然「How's your baby?（お腹の赤ちゃんは元気？）」と言いながらお腹をさすった某日本人男性がいて、それに対して女性が「I'm just fat.（私はただ太っているだけよ）」と言う衝撃的な展開となり、その火消しに奔走したり。いろいろあったわけです。

そして、10年やってるとつらいことも当然あります。勝手にデザインした家具をわけもわからずに背負って世界各地の見本市を転々とするのですが、今思うと嫌がらせのようなことをされたり、打ち合わせに行ったら門前払いを食らったり、叱られることも少なくありませんでした。一緒に働いていた仲間が癌を患い、急逝したこともありました。会社が潰れそうになったことも2〜3回はありました。そんな不甲斐なさ一杯の10年間でありながらも、ここまでなんとかやってこれたことに感謝の気持ちで一杯なわけです。

今年、イギリスのWallpaper*誌のベストデザイナー賞に引き続き、世界25か国のELLE DECOR誌の編集長が選考するベストデザイナー賞をいただきました。映画に例えるならカンヌ映画祭とアカデミー賞の「二冠」といった感じでしょうか。

でも、小心者のせいか、不思議とうれしさよりも危機感のほうが大きくなるものなんですね。なぜなら、そういった賞をもらっている過去のデザイナーと比べると明らかに自分は格下なのです。トップデザイナーには必ず「代表作」と呼ばれるものがあり、自分の「型」を持ってます。その「型」に持ち込んだら天下無双なわけです。そのどちらも持ち合わせていない自分はある意味たいしたものです。逆に言うと、地道な努力のみで受賞した人は史上初かもしれません。

この「型」とは、いわゆるタッチとかスタイルと呼ばれる表層的なものとも少し違ってて、デザイナーによる「問題解決の仕方」の違いなのです。仮に正解が1つだったとしても、そこに至るまでの方法論は多種多様なのです。そうじゃなければ極端な話、世の中にデザイナーは1人しか必要じゃなくなりますよね。
「コップの中の水を減らす」という目的を達成するために、コップをひっくり返しても、コップを割っても、コップが置かれているテーブルを傾けてもいいんです。無重力にして水が浮遊しながら流れ出てもいいし、温めて水を蒸発させてもいいのです。そのプロセスが美しかったり、楽しかったりするわけで、それがデザイナーの個性であり、「型」なのです。ごく稀に例外もあります。イタリアの鬼才、ガイタノ・ペッシェ、御歳73。米国の、とある広告代理店のインテリアをデザインした際に巨大な赤い矢印を床に描いたそうです。クライアントにそのコンセプトを問われると、ドヤ顔で「この矢印は私が育ったベネチアを指している」と言ったそうです。

ええっ!?　って感じです。クライアントはベネチアとは縁もゆかりもないので、普通にドン引きだったそうです。こういう人は問題解決とは無縁なので、万が一仕事を依頼する人は気をつけてください（笑）。

最近、鳥小屋を作りました。鳥小屋というより「鳥の集合住宅」のような感じです。裏には「人間用」の部屋があって、鳥の様子を中から観察できるようになってます。ひとつ屋根の下でたくさんの鳥と人間が同じ時間を共有するのも、なかなか悪くないものです。人と鳥の新しいカンケイへの道筋もひとつではないのです。

問い合わせ先／安藤百福記念 自然体験活動指導者養成センター　momofukucenter.jp/

photo: YOSHIMURA Masaya

bird-apartment

ストレスの一種なのでしょうか。体が受け付けないのに、無性に辛いものやジャンクフードなどを食べたくなることがあります。

先日は「DETOX」と書いてあるコジャレたパッケージの紅茶が目に留まりまして。そのまま解釈すると解毒とか浄化作用みたいなことだけど、要は「便通改善」のためのものなんだろうな、と認識。最近は自分の中に消化酵素が存在するのか疑わしいほど垂れ流し状態が続いているのにもかかわらず、この「DETOX」紅茶を、「超」硬水のミネラルウオーター『Contrex』で淹《い》れて飲んだらどうなるんだろうと、自傷行為にも似た考えに取り憑《つ》かれたのです。

高鳴る鼓動を抑えながらお気に入りのマグカップに「DETOX」のティーバッグを入れ、『Contrex』を沸かし始めたあたりで不覚にも激しい便意を催してしまい、トイレに駆け込んでジ・エンドです。

様々なことを想像する職業ではありますが、そのイマジネーションが悪い意味で働きすぎてしまったようです。でも、この「もしもこうなったら……」という好奇心なくしておもしろいデザインを実現することはできません。

ここ1年間ほど、チェコ共和国に月イチペースで通いながらいろいろなモノづくりをしているのですが、これは完全に「もしもこうなったら……」任せのプロジェクトです。プラハ空港から車で2時間くらいかけてノビーボルという町に行くと様々な技術を持った吹きガラス職人たちがいます。いわゆる「ボヘミアングラス」の総本山です。そして、工房の片隅に座って職人たちがガラスを吹いている姿を見ていると、ふつふつと好奇心が湧いてくるのです。

普通のガラス作りは、1人の職人が1つの型の中にガラスを吹き込んで成型していいます。それに「もし、2人の職人が同時に1つの型に吹いたらどうなるんですか？」と尋ねるわけです。ガラス職人たちは初めは呆れて笑っているものの、試しにやってみると2つの膨らんだガラスが押し付け合い、水の中の自由な泡のような表情が生まれたのです。底面が平らなので、型から抜かずにそのままひっくり返してテーブルにしちゃいました。完全に「行き当たりばったり」のモノづくりですが、結果的に自分が「もしもこうなったら……」という新たな視点を提供することで、職人たちはこれまでに経験したことのないガラスの魅力に遭遇したのでした。

こうなると、2人といわず、3人、4人……しまいには8人で同時に吹き込むことで1.4mの長さのベンチが出来上がりました。

作ったはいいけど、コレどうするよ？　ということで、パリのギャラリーで展示したところ、オープン前日に200万円以上で売れてしまいました。何がなんだかよくわからないですが、この一連の流れは職人たちはもとより、工房の経営者にも大きな衝撃を与えたようで、この「行き当たりばったり」プロジェクトはどんどん加速していきました。少し頭がオカシイ東洋人にもう少しだけつきあってみよう、と。「溶けたガラスを垂れ流して、ガラスの水たまりを作れませんか?」「ガラスを吹くのに使う金属パイプを取り外さないで、そのままガラス作品の一部として利用できませんか?」などなど。

毎回笑われながらも、職人の高い技術力によって、次々とおもしろい作品に変身していきます。さらには、いつも吹いてばかりなので（当然ですが……）「途中で吹くのをやめて、吸い込んでくれませんか?」というリクエストをしてみました。そしたら、ガラス表面の張りがみるみるなくなり、梅干しのようなシワが生まれました。試しに中に電球を入れてみたらとても美しい陰影が生まれることがわかり、そのままペンダントランプとなりました。これらの作品は今年のミラノサローネで発表され、たくさんのメディア露出と同時に世界中から注文が殺到し、工房もウハウハです。

チェコ人はドイツ人ばりに堅実で慎重な印象がありますが、一度火がつくとラテン系ばりに勢いづくようです。次は8月のヴェネチアア・ビエンナーレか、ということで新作に向けて走っています。

つい先日も工房を訪れたら、職人さんたちのダルダルだったTシャツが新調されていたのは気のせいでしょうか。今、ノビーボルは「行き当たりばったり」特需に沸いています。

photo: IWASAKI Hiroshi (innerblow bench) KAWABE Yoneo (inhale lamp)

innerblow bench/inhale lamp

「すこしふしぎ」なデザイン

海外メディアのインタビューで「最も尊敬するクリエイターは？」「幼少時代に最も影響を受けたものは？」といった質問をよく聞かれて、毎回普通に困ってます。というのも、実は漫画家の藤子・F・不二雄氏をこよなく愛し、『ドラえもん』の影響を受けているのですが、海外の人に説明するのが面倒くさくて仕方がないのです。

かといって、「特に無いです」って言ってしまうと、「俺って唯一無比の超独自路線だゼ」って感じでトンガッテる人みたいに思われちゃうので、その都度、思いついた名前を適当に言ってます。

カナダで生まれて10歳まで過ごしたのですが、これといった娯楽もなかったので、たまたま全巻持っていた『ドラえもん』を繰り返し読んでいました。だから、東京での新しい生活が始まった時は、まさに「ドラえもんの世界」に飛び込んだような衝撃でした。家の中にはのび太の部屋と同じ押し入れや学習机、外を歩けばブロック塀や空き地があり、自分が日々空想していた世界が目の前に現実として立ち現れているのです。こんなに楽しいことはありません。一日中ブロック塀をうれしそうに眺めていたわけですから。傍から見たらアブナイ小学生です。そして、この時に自然と身についた「なんの変哲もない日常におもしろみを発見する」ことは、今の仕事にも繋がっているように思います。

『ドラえもん』が今の自分の創作活動に与えている影響は、これだけではありません。実はドラえもんのポケットから出てくる「ひみつ道具」のデザイン的価値はスゴいんじゃないか、と今でも思うわけです。最も重要なこととして、問題を必ず「解決する」プロダクトであることです。結果的に解決できないことも多いですが……少なくとも「解決しようとする」スタンスこそが秀逸なデザインの大前提と言えます。よく見ると機能は至ってシンプルなもので、そのフォルムは機能と明確にリンクしている「わかりやすいカタチ」であるため、取扱説明書がなくても、たとえ「出来の悪い」のび太でさえいきなり使いこなせてしまうユーザビリティーです。

しかも、工業デザインが陥りがちな過剰な先進性や機能性を誇示するデザインではなく、親しみやすさのあるインターフェイスに仕上がっているのです。さらに特筆すべきこととして、それが「完璧ではない」ことです。この不完全性があるからこそ、ドラマが起きるキッカケとなるのです。ひとつのプロダクトの登場によって世の中や人間関係が変わる、つまり、モノからコトが生まれているのです。まさにデザインの本質なのです。

最近、腕時計を5種類ほどデザインしました。デンマークにある「noon」というブランドのための限定コレクションとして、文字盤と針だけをデザインしました。本体を触らなくても、派手な色を使わなくても、わずかなデザイン操作のみによって、時の流れを感覚的に楽しめるキッカケを生み出すことを目指しました。

　特定の時間になるとバラけた数字がぴたりと合わさって読むことができる時計。一見すると時計の内部にある歯車やクロノグラフ時計のように見える針をもつ時計。時針と分針がそれぞれ点線になっていて、ふたつが重なる瞬間だけ1本の線になる時計。そして、小さな文字盤が12個あって小さな時針がその上を通過する時に時間を表示する時計。それぞれに小さな物語を込めたつもりです。

　最近、すごく思うことがあります。自分はドラえもんのようになりたくてデザイナーになったのかもしれない、と。身近にいる困った人の手助けをしながら、それが世の中を少しだけ良い方向に導くキッカケになってほしいのです。ドラえもんの世界はSFです。でも、藤子・F・不二雄氏にとっては「サイエンス・フィクション」じゃなくて「すこしふしぎ」なんだそうです。そのために必要なこととして氏曰く、「背景となる世界はなるべく平凡でありふれた日常がベース」であること。「体温を感じさせるような人物を創る」こと。「ひとつの物事を正面からだけでなく、裏から斜めから見る」ことによって「受け手側に新たな視点の発見と驚きを与える」こと。そして、純粋に「楽しんでもらう」こと。そんなデザインを、自分も目指していました。海外のデザイナーたちのように「すごくふしぎ」じゃなくていいんです。そんな「すこしふしぎ」なデザインをこれからも志したいと、思うのでした。

問い合わせ先／noon　www.noonwatch.jp/

え。あ。
ちょっとまってて。
たしかこのへんに
入れておいたはず…
2012.08

dark noon

photo: IWASAKI Hiroshi

あとがき

日本、そして世界は大きく変化しています。アジア諸国の台頭、円高、欧州の景気後退などに伴い、戦後から今に至るまでの日本を牽引してきた「モノづくり」はここ数年で大いなる転換期を迎えています。エンドユーザーの声を聞くことなく、卸業者や小売店の顔色を窺った商品開発を行ない、競合他社をチラ見しながら、原価から積み上げていった定価設定をして、しばらくしたらセール品として叩き売られて。

このような本質とはかけ離れたモノづくりを続けていては、グローバル展開している海外企業に太刀打ちできるはずもありません。その煽りを受けて、高い技術力を持った下請けの中小企業が次々と倒産し、地方の地場産業が衰退の一途を辿るのも当然です。

柔道が日本の「武道」から国際的な「スポーツ」へと転換してから、勝てなくなってしまったのと全く同じです。ちゃんと組まない、力任せの返し技、優勢勝ちに持ち込む試合運びに「卑怯なり」「日本の柔道は美しい一本勝ちにこそあり」なんて言っている間に、常勝国の座から転落したわけです。

ルールは変わったのです。ルールを変える腕力を持ち合わせていないのであれば、そのルールに一日でも早く適応する術を見つけないといけないのです。

デザイナーもこれと同様です。好景気に沸く中「センセイ」とチヤホヤされながら、ふんぞり返ってスケッチを描いていたデザイナーは「今は昔」です。これからのデザイナーは汗水垂らし、泥にまみれながら、クライアントと苦楽を共にしなくてはいけません。商品開発部門やマーケティング部門と密接に連携し、数字による明快な結果を出さなくてはいけません。そして日本のモノづくりの先頭に立ち、海外市場を切り開くための「切り込み隊長」としての役割も担わないといけないのです。

本書は、そんな大きな変化を皮膚感覚として感じながら、約2年間書き綴ったブログのようなものです。イヤ、隔週で1600字を書くのって素人には大変なことなんですよ。本当に。それを日々走りながら、飛行機やホテルの中、打ち合わせの合間などを縫って書きました。その結果、モノづくりにおいてすごく大切なことと、本当にどうでもいい日常的な出来事が混在していて、全く整理されていません。

なので、残念ながら決して立派なデザイン論でもビジネス・ノウハウ本でもありません。でも、ナナメ読みをしていただくことで、今の日本に足りないもの、そして今のモノづくりに必要なもの、デザイナーに求められていることがうっすらと浮かび上がってくれれば幸いです。

最後になりましたが、このような貴重な機会をいただき、また、たくさん陰で支えてくださったDIMEブランド編集室長の水野麻紀子さんと編集の宇都宮紀子さん、本当にありがとうございました。いろいろご迷惑をおかけしてすみませんでした……。
　そして、本書の装丁デザインを手掛けてくださった祖父江慎さん。サイコーです。ありがとうございました。

２０１２年夏　佐藤オオキ

１９７７年カナダ生まれ。00年早稲田大学理工学部建築学科主席卒業。02年同大学院修士課程修了、同時にデザインオフィスnendoを設立。05年nendoミラノオフィス設立。06年Newsweek誌「世界が尊敬する日本人１００人」に選出される。12年Wallpaper*誌（英）およびELLE DECO INTERNATIONAL DESIGN AWARDSにてDesigner of the Yearを受賞。作品はMoMA（米）、ポンピドゥーセンター（仏）、V&A博物館（英）など世界の美術館に収蔵されている。www.nendo.jp

ネンドノカンド──脱力デザイン論

2012年10月3日　初版第1刷発行
2020年4月29日　第6刷発行

著　者　佐藤オオキ
（デザインオフィスnendo代表）
発行者　水野麻紀子
発行所　株式会社小学館
〒101-8001
東京都千代田区一ツ橋2-3-1
（編集）03-3230-5930
（販売）03-5281-3555
印刷所　凸版印刷株式会社
製本所　株式会社若林製本工場
デザイン　祖父江慎+鯉沼恵一（cozfish）
制　作　坂野弘明，松田雄一郎
販　売　中山智子
宣　伝　井本一郎，細川達司
編　集　宇都宮紀子

ISBN978-4-09-346089-7　Printed in Japan